GUST

MW01243696

REFLEXIONES SOBRE LA
QUIEBRA
Y LA RECONSTRUCCIÓN ECONÓMICA

EDITADO POR
JAMIRET SIFONTES TERÁN

Vélez Pizarro, Gustavo, 1969
Reflexiones sobre la quiebra y la reconstrucción económica
ISBN: 979-8-64092-889-1

Sobre el autor:

Egresado del programa de economía (bachillerato y maestría) de la Universidad de Puerto Rico, Gustavo Vélez, lleva 25 años ejerciendo la profesión. Ha laborado en el sector público y en la empresa privada. En el 2006, fundó su firma Inteligencia Económica Inc. desde la cual asesora a empresas locales e internacionales. Ha sido columnista de varios periódicos como El Nuevo Día, y El Vocero. Además, ha colaborado con CNN Español y con el programa de Univisión, "Jugando Pelota Dura". Desde el 2012 ha escrito varios libros sobre la situación de Puerto Rico y ha esbozado diversas propuestas para promover el desarrollo económico de la Isla. En esta cuarta publicación, el autor examina como el populismo y la mala gestión pública han hundido a Puerto Rico en un estancamiento socioeconómico permanente y exhorta a los ciudadanos a exigir una mejor gobernanza como base para las transformaciones económicas que necesita la Isla.

Editora: Jamiret Sifontes Terán
Diseño y montaje de portada e interior: Carlos López Angleró
Imágenes: Cortesía de *El Vocero*, Wikimedia Commons

Primera impresión: mayo, 2020

El autor está disponible para conferencias, seminarios y talleres.
Para contrataciones, por favor comuníquese al:
(787) 404-3496 ó al email: gvelez@economiapr.com

Para comentarios y sugerencias puede escribir a:
Gustavo Vélez
B5 Calle Tabonuco, Suite 216 PMB 109
Guaynabo P.R., 00968-3029

www.economiapr.com
www.facebook.com/gustavovelez
www.twitter.com/gustavovelez

Dedico este libro al pueblo puertorriqueño
que ha tenido que resistir y sobrevivir las
penurias producidas por la mala gobernanza
y el populismo durante las últimas décadas.

A Jamiret y a mi familia, por su apoyo incondicional.

ÍNDICE

INTRODUCCIÓN 7

PRIMERA PARTE:
CÓMO SE ROMPIÓ LA ECONOMÍA 12
    Dos décadas perdidas: 2000 - 2020 15
    Crónica de una quiebra anunciada 22
    Efectos económicos 34

SEGUNDA PARTE:
**LA CRISIS DE GOBERNANZA
Y LA AMENAZA DEL POPULISMO** 42
    Los partidos políticos se han desconectado
    del bien común 45
    El Populismo: los casos de Venezuela,
    Brasil y Argentina 58

TERCERA PARTE:
EL EFECTO DE LA CRISIS EN LOS CIUDADANOS . . . 68
    Cronología de impuestos y
    fallidas medidas fiscales 80
    Aumento en la dependencia
    en los fondos federales 87

CUARTA PARTE:
UNA VISIÓN ECONÓMICA INCLUSIVA Y SOCIAL . . 92
    Una estrategia que no dependa
    de fondos federales 98
    La educación como punta de lanza
    del desarrollo económico 112
    Experiencias de transformaciones económicas . . . 117

PALABRAS FINALES:
UNA AGENDA PARA LA PRÓXIMA DÉCADA 126

GLOSARIO PARA ENTENDER LA CRISIS 134

Puerto Rico se Levanta

INTRODUCCIÓN

Al comenzar el 2020, el horizonte se ve cada vez más complejo y desafiante. Los problemas que enfrenta Puerto Rico son cada vez más profundos y es muy poco el interés que percibo de la clase política para encontrar soluciones reales. Es evidente que enfrentamos no solo una crisis económica sino también una crisis política y de gobernabilidad sin precedentes.

Cuando hablo de gobernanza me refiero a las interacciones y acuerdos entre los gobernantes y gobernados, para generar oportunidades y solucionar los problemas de los ciudadanos, y para construir las instituciones y normas necesarias para generar esos cambios. Hace décadas, Puerto Rico se alejó de la buena gobernanza y se ha creado un profundo abismo entre los gobernantes y los gobernados. Percibo también, que en tiempos recientes esta crisis de gobernanza se ha agudizado. Los políticos van por un camino muy diferente al de nosotros, el pueblo.

Luego de la quiebra del gobierno en el 2016, y del devastador impacto del huracán "María" en el 2017 guardaba esperanzas de que íbamos a poder generar los consensos necesarios para iniciar un verdadero proceso de reconstrucción económica y a la misma vez rescatar los fundamentos básicos de la gobernabilidad. Las promesas de hacer un mejor gobierno se desvanecieron según regresamos a la normalidad.

Pero nada más lejos de la verdad. Según aumentan los problemas, más evidente es la incapacidad de la clase política y del gobierno para gestar soluciones.

Estoy convencido de que la economía está rota, no solo por la mala administración, y los desastres naturales, sino también porque el propio sistema político está descompuesto. La buena gobernanza que una vez tuvo Puerto Rico durante las décadas del 1950 al 1970, ha sido sustituida por mala administración, y una cultura de corrupción sin precedentes en nuestra historia moderna.

Contrario a la década del cuarenta, cuando vivimos una crisis histórica, en aquel momento tuvimos una generación de líderes que supo colocar los intereses del país por encima de cualquier consideración.

En la actualidad a diferencia de la crisis de principios del siglo veinte, el problema de Puerto Rico no es de recursos económicos o materiales, sino de la capacidad institucional (gobiernos y partidos) para llevar a cabo una gestión pública eficiente y efectiva, y poder articular una estrategia transformadora junto con el resto de la sociedad puertorriqueña.

Por décadas, los gobiernos disfrutaron de miles de millones de dólares en transferencias federales, de la presencia de empresas multinacionales, de inversión externa, y de la presencia del mejor talento humano global. Sin embargo, la mala gestión pública nos condujo hacia la quiebra y el colapso fiscal con una pesada deuda de $70,000 millones, y la insolvencia de los sistemas de pensiones.

La ruptura productiva e institucional, nos coloca como pueblo en una frágil posición y desde mi perspectiva, amenaza la propia viabilidad social y económica de Puerto Rico.

Los eventos recientes, como la quiebra del gobierno, el huracán "María", y los terremotos, agravan el grado de fragilidad de la Isla y la posibilidad de que se puedan tomar medidas contundentes para encarrilar un proceso de desarrollo económico.

La emigración masiva y la fuga de capital son una peligrosa combinación que pueden afectar de forma permanente el funcionamiento económico.

Esta realidad nos obliga entonces a realizar una profunda reflexión para buscar una ruta alterna a la actual encerrona política y económica en la que actualmente nos encontramos. La solución tendrá que venir no del gobierno federal, ni de los partidos políticos, sino de los propios ciudadanos.

El propósito de este libro no es solo explicar cómo se rompió la economía y como han colapsado los partidos políticos, sino como esas rupturas han afectado nuestra la calidad de vida y la viabilidad a largo plazo de Puerto Rico. Desde el desempleo hasta la masiva emigración experimentada en la actual década, la actual crisis tiene como común denominador, la mala gobernanza y la ausencia de un liderato capaz y efectivo.

Esta reflexión debe provocar un despertar colectivo para que la ciudadanía entienda que tiene asumir el liderazgo y comenzar a tomar acciones concretas para cambiar el curso de Puerto Rico. El silencio y la pasividad no pueden ser opciones, porque nos convertiría en cómplices de la muerte gradual de nuestra Isla.

La sociedad puertorriqueña no puede permanecer indiferente ante el deterioro cada vez más evidente de las instituciones, de las estructuras gubernamentales, de la manera de hacer política y de la economía.

Desde que cobré conciencia social y ciudadana, he sido un fiel creyente que los ciudadanos debemos ser parte integral de la búsqueda de las soluciones que nos afectan como pueblo. Independientemente, del nivel social o económico, o de la profesión que cada cual tenga, todos somos parte de un colectivo y debemos procurar el bienestar de la sociedad.

Durante las últimas dos décadas, hemos tenido seis gobiernos y la alternancia en el poder de los dos partidos políticos principales. Sin embargo, durante estas mismas dos décadas se ha cocinado la peor crisis fiscal y económica que hemos tenido en tiempos recientes. Debemos comenzar a pensar, porqué luego de dos décadas en quiebra, Puerto Rico continúa prisionero de un destructivo circulo vicioso en el que dos partidos se alternan en el poder y nada cambia el rumbo que llevamos.

De cara a un nuevo ciclo electoral, me parece que es momento de comenzar a pensar como alteramos este ciclo. Cómo podemos ser gestores de un cambio en el rumbo de nuestra Isla, antes de que sea demasiado tarde.

Pese a todos los desafíos, tenemos ante nosotros una oportunidad histórica. La posibilidad de reestructurar la deuda pública con la protección provista por la Ley PROMESA, la inyección de $40,000 millones para financiar la reconstrucción y la oportunidad de promover reformas profundas, proveen las condiciones para el despegue económico de Puerto Rico.

Sin embargo, esto requerirá un cambio radical en la manera de gobernar y las propias estructuras políticas.

En mis publicaciones anteriores, he reiterado la capacidad de nuestro pueblo para enfrentar los retos. En esta ocasión hago un llamado para convertirnos en agentes de cambio y restaurar una nueva cultura de hacer gobierno. Tenemos que usar el voto como instrumento de cambio, y convertirnos en fiscalizadores permanentes de los funcionarios a los que delegamos el poder de dirigir nuestros destinos.

Es momento de romper con la dictadura de la partidocracia y comenzar un proyecto inclusivo de reconstrucción económica. La crisis actual nos obliga a crear pactos y alianzas multisectoriales para forzar a los partidos a gobernar para el bien común.

La historia reciente nos muestra casos de otras sociedades que han logrado superar el ciclo de estancamiento para iniciar transformaciones hacia el éxito social y económico.

El libro se divide en cuatro partes, en la primera parte, analizamos como se rompió la economía; en la segunda parte, examinamos el efecto del colapso de los partidos políticos sobre la crisis económica. En la tercera parte, exploramos los efectos de la larga depresión económica y eventual quiebra gubernamental sobre la ciudadanía.

Y finalmente, en la cuarta y última parte planteo lo que llamo una nueva visión económica. En esta parte hacemos unas recomendaciones para que la ciudadanía y los grupos profesionales, organicen una respuesta ciudadana y un rescate de Puerto Rico y de la economía.

CÓMO SE
ROMPIÓ
LA ECONOMÍA

"GOVERNMENT OF THE PEOPLE,
SHALL NOT PERIS
ABRAHA

THE PEOPLE

DOS DÉCADAS PERDIDAS: 2000 - 2020

Cuando termine el 2020, colectivamente habremos perdido gran parte de las dos primeras dos décadas del nuevo siglo, tropezando y chocando unos contra otros, dando vueltas a los mismos problemas, sin una voluntad firme para resolverlos. Así hemos permitido que se cocine una de las peores crisis que la Isla ha tenido en su historia moderna.

Así, nos estancamos en una profunda y larga depresión. Los partidos políticos hipotecaron el futuro de las próximas generaciones, presenciamos la quiebra del gobierno, hemos presenciado un éxodo masivo de hermanos puertorriqueños, y fuimos golpeados por un huracán y un terremoto. En el 2016, ante la posibilidad de un apocalipsis financiero, el Congreso impuso una sindicatura parcial sobre el gobierno territorial.

A pesar de todo lo anterior, la clase política, principal protagonista de la destrucción económica de la Isla, se ha afincado en las malas prácticas de hacer gobierno, y ha colapsado la gobernanza. En este trayecto hemos arriesgado la posibilidad de una recuperación económica fundamentada en los fondos federales luego de los eventos naturales.

A continuación, presento una cronología de los eventos que a mi juicio han pavimentado la ruta hacia el estancamiento y la destrucción económica de la Isla.

1996: El Congreso Federal elimina la Sección 936 del Código de Rentas Internas, provocando el comienzo de la fuga de cientos de fábricas y la pérdida de 100,000 empleos altamente remunerados. Esta sección proveía incentivos contributivos a empresas multinacionales operando en la Isla.

1998: El huracán George, categoría 3, ocasiona destrucción generalizada en la Isla. FEMA y el resto de las agencias federales inyecta sobre $6,000 millones en ayudas para levantar la Isla.

2001: Ataque terrorista a las "Torres Gemelas en Nueva York" provoca leve recesión en Estados Unidos y la Isla. El Banco de la Reserva Federal inicia un programa de estímulos monetarios para evitar una situación peor, pero crea las condiciones para la crisis financiera del 2008.

2005: Inicia el infame gobierno compartido, el Partido Popular Democrático (PPD) gana la gobernación por escaso margen, y la legislatura es controlada por el Partido Nuevo Progresista (PPD). Comienza un período de tensión política que provoca el cierre del gobierno en el 2006.

2006: Ante tranque en las negociaciones para proveer fuentes de liquidez al gobierno para evitar la degradación del crédito del ELA, el gobierno cierra por dos semanas. En el 2006, se aprueba e implementa un impuesto al consumo de 7% sin suficientes rebajas contributivas.

2007: Comienza la gran depresión criolla, que se extiende hasta estos días. El gobierno comienza a emitir deuda para inyectar liquidez que permitiera financiar gastos recurrentes. La deuda que era inferior a los $40,000 millones, comienza a aumentar hasta llegar a $70,000 millones en el 2016.

2008: Colapsan los mercados financieros en Estados Unidos y la economía entra en una recesión que agrava la situación local. El gobierno federal inicia un programa de estímulos para evitar el colapso de la economía y el sistema bancario.

2009: Se implementa la Ley 7, como un programa de austeridad que evitaría la degradación del crédito del gobierno.

2010: El FDIC, lleva a cabo la consolidación bancaria más grande realizada en territorio de los Estados Unidos. Tres bancos son declarados insolventes y son consolidados a tres instituciones bancarias. Puerto Rico recibe $7,000 millones del programa federal "American Recovery and Reconstruction Act" (ARRA).

2014: Las agencias clasificadoras degradan a chatarra los $70,000 millones de la deuda pública de la Isla. Gobierno pierde acceso a los mercados de capital. Gobierno realiza una última emisión de $3,000 millones que es comprada por fondos de capital de alto riesgo.

2015: Por primera vez, el gobierno incumple con el pago de la deuda. Comienza una crisis financiera, que devalúa los precios de los bonos. Aumenta el IVU de 7% a 11.5% al fracasar el intento de imponer un impuesto al valor añadido (IVA). El entonces gobernador Alejandro García Padilla declara en un medio de prensa norteamericano que la deuda es impagable.

2016: Ante el temor de una crisis financiera mayor en su territorio en el Caribe, el Congreso Federal impone mediante la ley PROMESA, una Junta de Control Fiscal (JSF), para reestructurar la deuda pública y sanear las finanzas públicas. El estatuto federal provee un mecanismo que protege al gobierno de los acreedores en lo que se reestructura la deuda pública.

2017: El gobierno se acoge al título 3 de la ley PROMESA y se declara en quiebra. En septiembre, el huracán "María" de categoría 4 destruye a Puerto Rico, ocasionando pérdidas de $70,000 millones. El gobierno federal habilita un programa de ayudas ascendente a $40,000 millones para reconstruir a Puerto Rico.

Carlos Rivera Giusti / EL VOCERO

2018: La inyección de $12,000 millones en ayudas federales para mitigar el impacto de la crisis provoca un dinamismo temporero de la economía local. La gran mayoría de los sectores productivos experimentan una mejoría significativa por un período de 18 meses.

2019: Un polémico chat entre el gobernador y sus allegados más cercanos, provoca amplio malestar social, movilizaciones y una gran crisis política que provoca la renuncia de Ricardo Rosselló. La crisis política y casos de corrupción provocaron que el gobierno federal frenara las ayudas para financiar la reconstrucción de Puerto Rico.

2020: En enero 7, una serie de terremotos causan destrucción en la región sur de la Isla. El descubrimiento por parte de ciudadanos de un almacén con suministros en Ponce, algunos expirados, provoca una gran indignación que nuevamente saca a la calle a miles de personas a protestar contra el gobierno.

CRÓNICA DE UNA QUIEBRA ANUNCIADA

En el 2005, justo cuando expiraba el período de transición de la Sección 936, estrenamos un gobierno compartido que marcó uno de los períodos más obscuros y tristes que ha experimentado nuestra democracia. Lejos de llegar a acuerdos fundamentales para viabilizar las transformaciones que exigía el nuevo orden económico internacional, el PNP y el PPD, iniciaron una especie de guerra civil que terminó con el cierre del gobierno en mayo de 2006.

En el 2007, la economía entró en depresión, la más larga y profunda que Puerto Rico haya tenido en toda su historia, situación que se sostiene aún hasta hoy.

El cierre gubernamental levantó bandera en Estados Unidos, y los mercados financieros levantaron la voz de alarma a darse cuenta de que la Isla no solo estaba endeudada más allá de su capacidad productiva, sino que eran evidentes los problemas de gobernabilidad y transparencia. El último bastión de la "guerra fría" caminaba sin reversa hacia la quiebra, y era obvio que su clase política no era capaz de articular un proyecto económico alternativo que evitara el desenlace.

En pleno inicio de la crisis, emergió el "canibalismo" político y la ingobernabilidad se comenzó a hacer más evidente, provocando que entre el 2001 y el 2020, la Isla haya tenido seis gobernadores.

La inmadurez política impide pactos a favor de aquellos temas fundamentales, y se lacera la capacidad de planificar a largo plazo.

■ SE CREAN LAS CONDICIONES PARA LA QUIEBRA

Luego de la degradación del crédito del gobierno en febrero de 2014, se cerraron los mercados de capital para Puerto Rico, era obvio que era el principio del final. Ya en el 2015, las advertencias del entonces gobernador Alejandro García Padilla de la deuda era impagable, era obvio que la Isla se acercaba a un precipicio fiscal.

Entre el 2015 y el 2016, durante la discusión en el Congreso, que llevó a la aprobación de la Ley PROMESA, algunos congresistas, cuestionaron las razones de la quiebra de la Isla. Las preguntas eran válidas, toda vez que Puerto Rico se convertía en el primer gobierno estatal que enfrentaba la insolvencia fiscal.

A simple vista, el sentido común indicaba que la razón de la quiebra estaba relacionada a la ausencia de disciplina fiscal que provocó el exceso en el gasto público y el endeudamiento. Pero había otros factores, y un racional económico mucho más complejo y profundo.

En una de las reuniones que sostuve con un congresista republicano, y su equipo de asesores, surgió un debate interesante cuando terminé de presentar algunos indicadores en la que se evidenciaba el total de empleados públicos, el total de personas que recibían ayuda del gobierno y las tasas contributivas.

El congresista dijo sin pensarlo, "hay un problema más grande de lo que pensamos, tenemos un territorio federal que depende excesivamente del gobierno". Es decir, un modelo en el que el sector público es el principal gestor de la actividad económica y es demasiado grande para el tamaño de la economía.

A partir de ese momento, los argumentos del congresista y sus asesores fue que la única forma de que Puerto Rico pueda salir de la crisis es construyendo una economía fundamentada en la creación de riqueza y empleos, no por el gobierno, sino por el sector privado.

EL ESTADO DE NEGACIÓN IMPIDE BUSCAR SOLUCIONES A LA CRISIS

A pesar de la quiebra y la larga depresión es difícil entender el apego de los gobernantes a un modelo económico que fue ideado en la década del 1940 por Rexford Tugwell, y que ya no es viable.

Tugwell, economista y académico de la Universidad de Columbia, fue uno de los principales arquitectos de la política conocida como El Nuevo Trato (New Deal) del presidente Franklin D. Roosevelt.

Bajo esta política, el gobierno federal pudo rescatar a la economía norteamericana de la Gran Depresión originada en el 1929. La intervención del estado mediante el gasto público a gran escala y otras medidas de corte social, fueron esenciales para evitar el colapso económico de Estados Unidos.

En el 1941, Tugwell es designado por Roosevelt como gobernador de la Isla, cargo que ejerció hasta el 1946. Desde esa posición, fue probablemente el verdadero arquitecto del diseño del modelo gubernamental y económico que permitió la transición de Puerto Rico hacia el despegue económico en la década del 1950. El "capitalismo de estado", como se le conoció a la doctrina económica impulsada por Tugwell, consistió en convertir al estado en el principal gestor de la económica.

Bajo este modelo, en la década del 1940, se desarrollaron instituciones como la Junta de Planificación, el Banco Gubernamental de Fomento, y la Administración de Fomento Económico, desde donde se gestaría la construcción de la economía. A partir de entonces, el predominio del gobierno en la gestión económica quedaría inyectado dentro la genética de la actividad productiva insular.

Desde ese momento, el gobierno quedaría como el principal actor o gerente de los procesos económicos, planificando el desarrollo, emitiendo deuda, creando agencias gubernamentales, hasta convertirse en el principal patrono dentro de la economía.

La estructura gubernamental que hoy tiene Puerto Rico no es muy diferente a la que creó Tugwell en la década del 1940. Un gobierno grande, y una docena de corporaciones estatales (casi todas insolventes).

La diferencia es que hoy ese modelo no es viable. El experimento económico ideado en la década del cuarenta ha fracasado, y hoy dos décadas después de iniciado el siglo 21, hay que "pensar fuera de la caja" y crear un nuevo modelo.

LA PARTIDOCRACIA, LA JUNTA FISCAL Y LA COMODIDAD DE LA QUIEBRA

En julio de 2020, PROMESA, la ley federal que colocó a Puerto Rico en una especie de sindicatura cumplirá su cuarto aniversario. En el 2015, fui una de las primeras voces que apoyó un mecanismo para proteger a la Isla de un colapso fiscal-económico, e implementar las reformas estructurales necesarias para salir de la quiebra.

Ayer, y hoy, mi postura es la misma, nuestra clase política perdió el norte y la habilidad de implementar las soluciones para resolver los profundos problemas que hoy enfrentamos. Sin embargo, desde el 2016 al presente, la Junta de Supervisión Fiscal (JSF) no ha logrado cumplir cabalmente con el mandato de la Ley PROMESA. Los partidos políticos le declararon la guerra desde el primer día, y a mi juicio, la JSF no ha sido capaz de lidiar con la dinámica partidista y la política criolla.

A mi juicio, el organismo federal cometió un grave error al pensar que podía negociar con la clase política y con el gobierno, como una ruta alterna a la confrontación pública y legal. El resultado ha sido que la JSF ha ido perdiendo efectividad y legitimidad ante la opinión pública. Es claro que las medidas que la JSF venía a imponer no eran simpáticas, y que, por ende, no gozarían de la simpatía de los ciudadanos.

Sin embargo, la JSF debió imponer recortes más severos sobre la clase política, antes de comenzar a imponer recortes fiscales que afectarían a los más vulnerables. La percepción de que los privilegiados del sistema (amigos del alma) quedaban inmunes, mientras se exigían sacrificios a los más vulnerables a debilitado grandemente la imagen de la JSF ante el pueblo.

Por otro lado, cuando se creó la Ley PROMESA en el 2016, la expectativa no era perpetuar un estado de quiebra permanente para que el gobierno territorial y sus políticos se mantuvieran en una zona de comodidad de manera indefinida. Era proveer una protección temporera en lo que la JSF podía reestructurar la deuda y se implementaban las reformas fiscales y estructurales.

Fue precisamente en mayo 1 del 2017 cuando el entonces gobernador Ricardo Rosselló, le pidió a la Junta de Supervisión Fiscal (JSF), la protección del título 3 para importantes emisores de la deuda, entre ellos COFINA, las Obligaciones del Gobierno Central, el Banco Gubernamental de Fomento y la Autoridad de Carreteras.

Sobre $50,000 millones en obligaciones financieras del gobierno, terminaron bajo la protección de la ley PROMESA, la misma que aún los populistas políticos criollos critican, aun cuando ha permitido no pagar a los acreedores en los términos acordados. El problema no es la protección temporal que PROMESA provee al gobierno como un componente esencial del proceso

Carlos Rivera Giusti / EL VOCERO

de reestructuración, sino la comodidad que la misma ha provisto y el aparente deseo de quedarse dentro de ella.

Es evidente que la clase política comienza a disfrutar el estado de comodidad de no tener que pagar la deuda, y continuar gastando en contratos, y otros gastos no esenciales. La JSF, al no definir los gastos esenciales dentro del proceso de la quiebra, ha permitido ese estado de comodidad.

Antes de que estallara la crisis política del verano, la postura de la administración del anterior gobernador era "arrastrar los pies" con el proceso de reestructuración. Los choques del gobierno con la JSF en torno al Plan Fiscal y otros temas, buscaban la manera de dilatar la implementación de PROMESA, incluyendo las reformas estructurales y otros asuntos sobre la gobernanza fiscal del quebrado territorio.

Irónicamente, justo antes del huracán "María" el gobierno abrazó la protección del título 3 de PROMESA, pero ha rechazado implementar los componentes menos simpáticos de la ley federal asociados a los ajustes en el gasto y la disciplina fiscal. El resultado ha sido que de cara al 2020, el proceso de saneamiento fiscal se encuentra estancado con perspectivas poco alentadoras en el corto plazo.

Mientras tanto, la burbuja económica creada por la inyección inicial de fondos federales para mitigar el impacto del huracán "María", se comienza a desinflar y la economía muestra signos de debilidad. En medio del caos y la ingobernabilidad criolla, durante verano del 2019, la Casa Blanca detuvo el envío del dinero para financiar la reconstrucción. Igualmente, bancos y firmas internacionales deciden irse de la Isla, al no ver certeza en el futuro a corto plazo de la economía local.

A finales del 2019, Banco Santander y Scotiabank, dos bancos globales, decidieron vender sus operaciones a instituciones locales, para marcharse de la Isla. Otras firmas internacionales miran con recelo las perspectivas de la economía local, y dudan sobre la viabilidad a largo plazo de Puerto Rico.

De cara al ciclo electoral del 2020 debemos exigirles respuestas concretas a todos los candidatos, pero más importante, exigirles que tomen decisiones firmes para sacar a la Isla de la quiebra, cumplir con PROMESA y ejecutar un programa coherente de reactivación económica.

Perpetuar las peleas contra la JSF solo extenderá la incertidumbre financiera y la quiebra en la que se encuentra la Isla. Los costos legales y de asesoría seguirán aumentando, y los paga el pueblo de Puerto Rico.

La quiebra del gobierno, y la actitud de no querer salir del título 3, desalienta la inversión privada que necesitamos para complementar los fondos federales y poder salir de la depresión económica. Es evidente que el Congreso y el liderato político federal parecen estar frustrados con la actitud del gobierno local de desafiar PROMESA y no querer implementar las reformas estructurales.

La actual encerrona económica en la que nos encontramos como sociedad, debe ser un poderoso incentivo para comenzar a implementar un nuevo modelo de gobernanza que se fundamente en los valores democráticos más básicos y esenciales.

URGE EVITAR QUE PUERTO RICO SE CONVIERTA EN UN ESTADO FALLIDO

No alterar el curso actual que lleva Puerto Rico, pudiera convertirnos en un estado fallido, es una especie de economía inviable.

El concepto de un estado fallido se usa para hablar de países y sociedades que han fracasado en articular un modelo de gobierno que pueda satisfacer las necesidades esenciales de sus ciudadanos. En nuestro hemisferio tenemos dos casos cercanos, la hermana República de Haití, y Venezuela.

En el primer caso, a pesar de ser los primeros estados libres, al independizarse de Francia en el 1804, los malos gobierno, incluyendo la dictadura de los Duvalier, la han colocado en un estado de pobreza permanente. El fuerte terremoto del 2010 unido a la presencia de políticos corruptos acabó destruyendo las posibilidades de alcanzar el despegue económico.

Venezuela es el caso más visible de como una economía con amplios recursos naturales y económicos, puede convertirse en un estado fallido gracias a la corrupción y la implementación de medidas de corte populista y socialista. Los gobiernos de Hugo Chávez y Nicolas Maduro, han llevado a Venezuela al colapso económico, y convertirla en un estado fallido clásico.

Una hiperinflación sin precedentes, sobre cinco millones de venezolanos han emigrado de su país, y una economía casi paralizada. Todo esto a pesar de que Venezuela tiene las mayores de reservas de petróleo en el mundo. Curioso que en la Isla haya algunos políticos que aún admiran y apoyan al gobierno chavista que dirige Nicolás Maduro, a pesar del evidente fracaso del régimen bolivariano.

Cuando miramos el común denominador de los estados fallidos, se encuentran varios elementos; una clase política que se aleja del bien común para enfocarse en sus propios beneficios. En segundo lugar, las instituciones más fundamentales dejan de funcionar, como, por ejemplo, la rama judicial, y los demás poderes constitucionales.

La corrupción se convierte en una normativa social que comienza a deformar la manera de hacer gobierno. Por último, ante la ausencia de un buen gobierno, de instituciones funcionales, y la falta de confianza, la economía se estanca.

Lamentablemente, aquí en Puerto Rico estamos comenzando a ver muchas de esas condiciones, lo cual puede acercarnos a ser una sociedad inviable.

No hay que abundar mucho, en como las dos fuerzas políticas principales se están convirtiendo en dos "fincas privadas" de grupos que poco le importa el bien colectivo sino el bienestar propio y el de sus allegados.

Los casos de corrupción se han vuelto más frecuentes y profundos en cuanto a los esquemas y alcance, afectando todas las vertientes del funcionamiento gubernamental.

Las instituciones sucumben ante la voracidad de la corrupción y si no es por el Departamento de Justicia Federal (FBI), ningún caso sería procesado. Las tres ramas de constitucionales cada día parecen inoperantes y desarticuladas, lo cual impide un buen gobierno.

EFECTOS ECONÓMICOS

Ante el derrumbe gubernamental, la economía comienza a sufrir los efectos de una larga parálisis que inició en el 2007 y que se extiende hasta el presente. La falta de un proyecto económico con objetivos claros ha erosionado la capacidad competitiva que una vez tuvo Puerto Rico como destino de inversión externa.

Hoy, la incapacidad del sector público y del sector privado, en articular estrategias de recuperación económica llevaron al gobierno a la quiebra y la imposición de una sindicatura federal. Economistas y otros profesionales, llevamos tiempo planteando alternativas y opciones, pero los políticos no están dispuestos hacer nada diferente que represente riesgos electorales en el corto plazo.

HURACANES, TERREMOTOS Y EL SECUESTRO DE LA ESPERANZA

El paso de "María" por nuestra Isla el 20 de septiembre de 2017, cambió nuestras vidas, y ha creado una nueva referencia histórica. En su paso por nuestra tierra, "María"

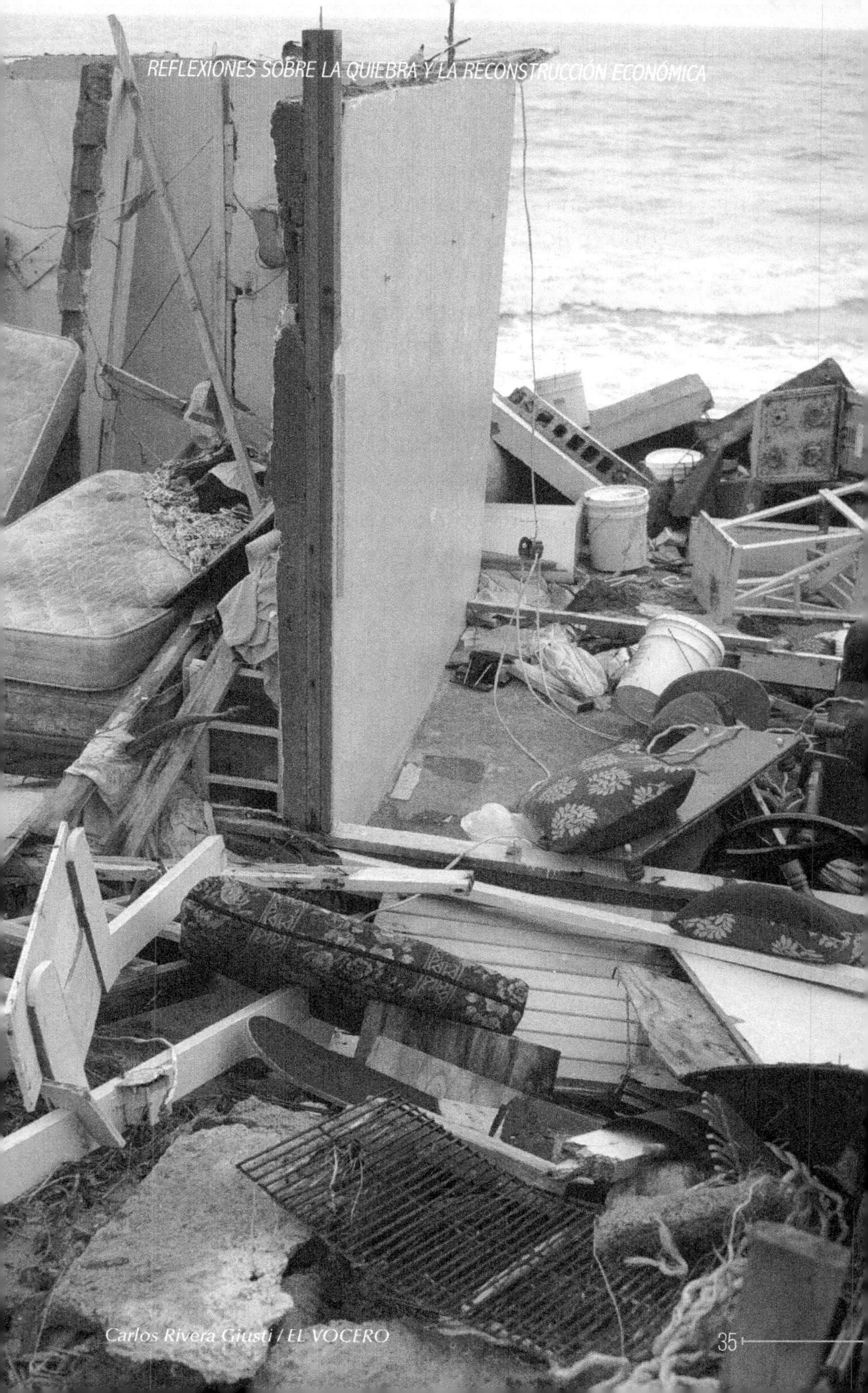

Carlos Rivera Giusti / EL VOCERO

dejó destrucción material, desolación y sobre 4,300 muertes que aún nos duelen. El costo se ha estimado en $70,000 millones, entre las pérdidas materiales, el daño a la infraestructura y la interrupción de negocios.

Sin embargo, la devastación de "María" no ocurrió en un vacío. El evento natural tomó a la Isla en un mal momento, toda vez que llevamos más de una década en depresión, el gobierno está en quiebra y estamos en manos de una Junta de Supervisión Fiscal (JSF), que supervisa las finanzas públicas.

Así las cosas, la destrucción provocada por "María" nos puso en el ojo mundial y de los círculos de poder de los Estados Unidos. Días después del evento, el alto liderato político desde el presidente Donald Trump, hasta los líderes del Congreso, así como la prensa nacional, llegaron a la Isla en esas semanas subsiguientes.

Carlos Rivera Giusti / EL VOCERO

La destrucción y el caos provocado por "María", permitió la aprobación de ayudas para mitigar el impacto del huracán. Semanas después del 20 de septiembre, miles de funcionarios federales y de las fuerzas armadas llegaban a la Isla. El liderato político nacional (demócratas y republicanos) se alineaba por encima de líneas partidistas, para ayudar a Puerto Rico, y aprobaban sin reparos ayudas y programas de alivio.

Los políticos dejaron a un lado las guerras cotidianas para comenzar a trabajar en la reconstrucción y la ciudadanía se abanderizaba detrás del grito colectivo ***"Puerto Rico se levanta"***, que se convirtió en el lema de todo el pueblo. Dentro de la adversidad impuesta por "María" nuestra sociedad parecía más unida que nunca y comenzaba el proyecto de reconstrucción nacional.

Carlos Rivera Giusti / EL VOCERO

En aquellas semanas posteriores al impacto del huracán, FEMA y las demás agencias federales comenzaron a inyectar recursos para levantar a la Isla. Entrado el 2018, ya era claro que Puerto Rico comenzaba a normalizarse. La economía apoyada por los recursos financieros que inyectaba el gobierno federal, el pago de reclamaciones de las aseguradoras, y la voluntad de los ciudadanos y los empresarios, lideraban lo que parecía el comienzo de un nuevo Puerto Rico.

Sin embargo, ya a mediados del 2018, según se normalizaba todo, nuestra clase política volvió a caer en el mismo juego de siempre. Comenzaron las peleas pequeñas, los choques con el gobierno federal, y con la Junta Fiscal. Lejos de comenzar a crear los planes de reconstrucción para cumplir con las exigencias de FEMA y el gobierno federal, el gobierno de Rosselló demostró total incapacidad para habilitar los procesos necesarios para recibir los fondos federales.

EL DESPERDICIO DE UNA OPORTUNIDAD HISTÓRICA

Así llegamos al infame chat del verano del 2019, y los eventos que ya conocemos. Las revelaciones de un chat que involucraban al entonces gobernador Ricardo Rosselló, con asesores, funcionarios de altos nivel y cabilderos, crearon una indignación colectiva que sacó al pueblo a protestar por espacio de dos semanas en las principales calles de Puerto Rico.

Una serie de comentarios homofóbicos y despectivos de Rosselló hacia otras figuras públicas, artistas y políticos, "prendieron en fuego" a una sociedad que está harta de la corrupción y la hipocresía de sus políticos. La revelación del chat que fue filtrado a la prensa en medio del despido del entonces Secretario de Hacienda, Raúl Maldonado, ocurrió en el contexto de arrestos por corrupción de importantes funcionarios de la administración de gobierno.

Artistas como Ricky Martín, René Pérez (Residente), Benito Martínez (Bad Bunny), y Jorge Pabón (El Molusco), hicieron una convocatoria al pueblo para marchar y exigir la renuncia de Rosselló, que se materializó el 24 de julio del 2019.

Las manifestaciones de ese verano marcaron un hito en la historia política de la Isla. Por primera vez, un gobernador renuncia antes de terminar su mandato. La crisis se agravó ante el hecho de que el Secretario de Estado, Luis Rivera Marín renunciara al estar involucrado en el chat. Esta renuncia creó un vacío constitucional, que creó problemas para definir la sucesión del gobernador renunciante.

Sin haber culminado el proceso de confirmación como Secretario de Estado por el Senado, el contrincante en las primarias por la gobernación durante el 2016, Pedro Pierluisi asumió la gobernación en medio de un ambiente de caos político.

La decisión, se fundamentó en una ley que días después fue declarada inconstitucional por el Tribunal Supremo. Al renunciar sin haber un Secretario de Estado, la entonces Secretaria de Justicia Wanda Vázquez fue juramentada como gobernadora durante la primera semana de agosto de 2019, poniendo fin a la crisis social y política que vivió la Isla en el verano.

Las revelaciones del chat dejaron al descubierto la verdad de lo que ocurre al interior de los partidos políticos. El pueblo se indignó, marchó y tumbó a un

GUSTAVO VELEZ

Carlos Rivera Giusti / EL VOCERO

gobierno, lo que fue un logro. Se envió un poderoso mensaje a los políticos, pero en medio de la crisis y las marchas, faltaron las propuestas concretas para una mejor gobernanza, y desarrollar un proyecto económico.

Las organizaciones empresariales, sindicales y profesionales dejaron pasar una gran oportunidad para llenar el vacío y proponer alternativas y convertirse en una opción de liderazgo ante el colapso temporero de los partidos durante la crisis del verano. Al estabilizarse la situación, la clase política y el gobierno regresaron a las mismas prácticas de siempre. A pesar de los desafíos adicionales impuestos por los desastres naturales y la realidad de que la economía está rota, el gobierno y la clase política, nos dejan saber que no va a cambiar la manera en la que opera. Urge entonces un profundo cambio que debe ser generado desde abajo hacia arriba por la sociedad civil y los grupos profesionales. Sin un cambio en la manera de gobernar y hacer las cosas, será imposible arreglar la economía y poner en marcha la recuperación de Puerto Rico.

LA CRISIS DE GOBERNANZA
Y LA AMENAZA DEL POPULISMO

LOS PARTIDOS POLÍTICOS SE HAN DESCONECTADO DEL BIEN COMÚN

Contrario a la percepción pública, el problema de Puerto Rico no es de recursos, sino que carecemos de una clase política capaz de administrar correctamente los recursos de Puerto Rico. Entre el 2009 y el 2018, datos de la Junta de Planificación evidencian que el gobierno local recibió un total de $39,000 millones en transferencias del gobierno federal.

En ese mismo período, el gobierno ha recibido cerca de $16,000 millones por concepto del impuesto a las corporaciones foráneas, y desde que entró en vigor el Impuesto al Consumo (IVU) en el 2006, el gobierno ha recibido $20,000 millones en nuevos ingresos.

Con respecto a los $39,000 millones, esos recursos eran para financiar obras públicas, apoyar el sistema educativo y de salud, entre otros usos. Pero es claro, que no se ha hecho un uso efectivo de las millonarias ayudas. La mala administración y la corrupción se han convertido en escollos para hacer un buen uso de los recursos públicos y mejorar la calidad de vida del pueblo.

La quiebra gubernamental y la depresión en la que está la Isla desde el 2006, son la mejor evidencia de que los partidos políticos se han convertido en parte fundamental de los problemas de Puerto Rico.

El Partido Nuevo Progresista (PNP) y el Partido Popular Democrático (PPD), se alejaron hace mucho tiempo de sus respectivas misiones históricas y han perdido relevancia dentro del actual contexto del país. Dentro de una democracia, la función principal de los partidos es ser instrumentos de producción de ideas y soluciones para lograr el mejor gobierno posible. Pero en el ejercicio práctico de la "democracia" puertorriqueña, la cúpula directiva de los dos partidos principales se han convertido en clubes privados de grupos de interés con el único propósito de acceder al presupuesto nacional.

Ambos partidos gozan de una gran base de "inversionistas" que, durante cada ciclo electoral, hacen donativos para luego cobrar las aportaciones con contratos y acceso a las estructuras de poder.

Cada cuatrienio, para llegar al poder, los dos partidos principales y sus principales candidatos apelan a la "filantropía" y la "generosidad" de empresarios, profesionales, y diversos grupos de interés para poder tener opción de éxito en el ciclo electoral que se celebra cada cuatro años en la Isla.

Así fluyen millones largos en donativos para candidatos a la gobernación, para la legislatura y las principales alcaldías. Luego de las elecciones, los que ganan, se convierten en benefactores de los que aportaron a su elección, mediante cabilderos o cualquier mecanismo permitido en ley.

En la medida en que los intereses particulares de estos grupos han ido secuestrando la democracia, las decisiones de política pública entonces dejan de responder al bienestar común y se enfocan en resolver los intereses de la minoría de donantes y conectados al sistema.

En este proceso, los cabilderos han ido asumiendo un rol protagónico dentro del proceso de hacer política pública. No es secreto que, tanto en la política norteamericana como en la Isla, los cabilderos cada día tienen mayor influencia en los procesos gubernamentales.

Los recientes escándalos políticos de Donald Trump tienen como protagonistas a ex asesores de su campaña a la elección del 2016, que luego se convirtieron en cabilderos para empresas privadas e incluso de gobiernos extranjeros.

En Puerto Rico, a raíz de la crisis del verano del 2019, ha salido a relucir el alto nivel de influencias de cabilderos asociados a la administración de turno. Es un mal que existe en los dos partidos principales.

LA CORRUPCIÓN AMENAZA EL CRECIMIENTO ECONÓMICO

La propia crisis económica posiblemente, ha provocado que aumente la tentación de funcionarios electos, oficiales y empresarios de mirar al gobierno como una posible fuente de lucro, mediante actividades fuera de la ley.

Durante las últimas décadas, la corrupción se ha convertido en una verdadera amenaza para lograr un buen gobierno. De manera recurrente, y cada vez con más frecuencia, vemos noticias sobre alcaldes, legisladores, y oficiales gubernamentales acusados por corrupción.

Los altos niveles de corrupción y la falta de confianza en las instituciones públicas laceran grandemente la confianza de los ciudadanos en su gobierno y minan el ambiente para hacer negocios.

El continuo desfile de casos de corrupción de oficiales electos, y de personas ligadas al gobierno, está socavando los fundamentos más esenciales de la gobernabilidad del país.

La corrupción no puede convertirse en la normativa social y urge una sacudida del sistema. A pesar de que el Negociado Federal de Investigaciones (FBI), ha aumentado su presencia en la Isla, los casos de corrupción siguen en aumento, poniendo en peligro que fluyan las ayudas federales y también alejando la inversión privada.

Mientras Puerto Rico agoniza por el efecto del huracán María, y los terremotos, la falta de confianza del gobierno federal provocó que la Casa Blanca aumente los controles en el envío de las ayudas de emergencia que necesita la Isla. Durante la crisis del verano del 2019, el presidente Donald Trump y algunos políticos en la capital federal han usado de excusa la corrupción imperante en la Isla, para frenar las ayudas aprobadas por el Congreso luego del impacto del huracán.

A raíz de las fuertes presiones públicas, luego del impacto de los terremotos, el presidente Trump tuvo que autorizar el desembolso de $8,400 millones que estaban aprobados desde el verano del 2019 y se frenó su desembolso a raíz de los escándalos que sacaron de la gobernación a Ricardo Rosselló. El dinero está condicionado a la imposición de un monitor federal y varias exigencias que el gobierno local tendrá que cumplir, y la supervisión de la Junta Fiscal.

La proyección internacional de que Puerto Rico no es un lugar confiable y no dispone de un gobierno transparente, afecta la capacidad de atraer inversión privada, particularmente en un momento en el cuál es importante proyectar confianza a la comunidad inversora internacional. En los principales informes de competitividad global que realizan entidades internacionales como el Banco Mundial y el Foro de Competitividad Global (WEF), Puerto Rico exhibe un fuerte rezago en el tema de la transparencia y corrupción.

Carlos Rivera Giusti / EL VOCERO

▉ LA AMENAZA DEL POPULISMO

Paralelo al colapso de la sana administración pública, ha ido creciendo el populismo y la compra de votos, como herramientas de manipulación social y política.

El populismo es una tendencia política que pretende atraer el favor de las masas fundamentada en estrategias políticas atractivas para el pueblo, pero con un fuerte componente manipulador y demagógico. En América Latina, este movimiento ha calado hondo, en gran medida a la pobreza que ha provocado la capacidad de articular un modelo económico y social alterno.

En nuestro hemisferio, la historia del populismo va desde Juan Domingo Perón en Argentina (1946 – 1973) hasta Hugo Chávez (1998 – 2013), en la hoy convulsa Venezuela. Han existido amplios gobiernos populistas, y en todos los casos, no se puede documentar uno solo, que haya tenido un proyecto económico exitoso a largo plazo. Al final, las políticas populistas, en la que el estado se convierte en el principal benefactor económico, llevan al fracaso de la gestión productiva.

En el plano local, la genética social de la construcción del Puerto Rico moderno está directamente vinculada al gobierno y al sector público como gran gerente y benefactor de la sociedad. El "milagro económico" de la Isla alcanzado entre el 1948 y el 1960, fue posible gracias al "capitalismo de estado", o la profunda intervención del estado en la gestión económica.

En Puerto Rico, el surgimiento del populismo como movimiento a partir de la fundación del Partido Popular Democrático (PPD) en el 1938. Bajo el lema de "Pan, Tierra y Libertad" y el liderato del caudillo Luis

Muñoz Marín, el PPD se convertiría en el arquitecto de profundas reformas sociales y económicas durante las dos décadas subsiguientes.

Ante el colapso del modelo agrícola durante la década del treinta, fundamentado en las centrales azucareras y el capital norteamericano, el PPD se convirtió en una fuerza social y política para hacer justicia social a las masas pobres de aquella época.

La reforma agraria (1941), la repartición de parcelas, la masificación de la educación gratuita y eventualmente el proyecto de industrialización, consolidaron al PPD como partido gobernante de forma consecutiva entre el 1948 hasta el 1968. Durante esta gestión modernizadora, se creó una clase media, que fue un importante logro para proveer estabilidad social y económica.

Con la llegada del PNP al gobierno, a partir del 1968 la justicia social tendría en este partido otro promotor de la justicia social, que estaría complementada con el ideal de la aspiración de la igualdad económica, mediante la anexión a los Estados Unidos.

Luis A. Ferré, primer gobernador del PNP entre el 1968 – 1972, implementó el famoso bono de navidad de forma compulsoria en el gobierno y en el sector privado.

Eventualmente, un segundo gobernador PNP, Carlos Romero Barceló, (1976 – 1984) a mediados de la década del 1980, abogaba por la anexión bajo la visión de que la "estadidad era para los pobres". Su visión era que la justicia social y el bienestar económico eran viables bajo la estadidad federada y no bajo un esfuerzo propio de la gente y el trabajo.

CUPONES DE ALIMENTOS (1977)

En el 1977, el Congreso de los Estados Unidos autorizó el inicio del programa de Cupones de Alimentos que, a su vez, institucionalizó la dependencia en fondos federales, situación que fue incrementando hasta el presente.

Así los dos partidos principales en su lucha por llegar al poder se aferraron al populismo para ver quien daba más ayudas a los pobres, creando la estrategia de la compra de votos y la manipulación electoral.

Carlos Rivera Giusti / EL VOCERO

Históricamente, el populismo ha estado atado a las ayudas federales y estatales, como herramientas de dirigismo social.

La crisis económica del período del 1973 – 1975, generada por el embargo petrolero de la Organización de Países Exportadores de Petróleo (OPEP) provocó que el gobierno federal revisara junto al gobierno local el modelo económico de la Isla, ideado en el 1948 por Tugwell.

La Sección 931 del Código de Rentas Internas Federal se enmendó para convertirla en la Sección 936, y consolidar a la Isla como un centro de manufactura farmacéutica y de empresas de alta tecnología. Las enmiendas buscaban maximizar la presencia de las corporaciones multinacionales en la Isla, lo que atrajo empresas intensas en capital, como electrónicos, químicos y farmacéuticas. Entre el 1976 hasta su eliminación en el 1996, la Sección 936 le dio un fuerte impulso al crecimiento económico, las exportaciones y el fortalecimiento del sector bancario.

La ampliación y alcance del estado benefactor fue otra de las medidas del gobierno federal para mantener la estabilidad económica y social de su territorio en el Caribe.

El programa de cupones de alimentos, hoy conocido como el Programa de Asistencia Nutricional (PAN) se convirtió en un poderoso subsidio para que las familias y la población con necesidades especiales pudieran tener acceso a alimentos. En la actualidad el 40% de los hogares en la Isla reciben este beneficio que en promedio provee $425 mensuales a los hogares.

■ LA TARJETA DE SALUD (1994)

En el 1992, Pedro Rosselló González, el tercer gobernador desde la fundación del PNP, llegó a la gobernación con una seductora promesa de darle una cobertura de salud a los pobres para que tuvieran acceso a facilidades médicas privadas.

Sin una claridad de la viabilidad financiera a largo plazo del nuevo programa conocido como la "Reforma de Salud", el gobierno desmanteló la infraestructura de salud del estado, hospitales y centros de diagnóstico y tratamiento (CDT) para dar paso al nuevo modelo.

Las expectativas de financiamiento del nuevo programa estaban fundamentadas en la aprobación de la reforma de salud nacional que impulsaba la administración del demócrata Bill Clinton (1993-2000), que eventualmente fue derrotada en el Congreso. A pesar de esto, la administración Rosselló decidió continuar con su iniciativa.

En el camino, el gobierno incurrió en grandes deudas a través del Banco Gubernamental de Fomento (BGF), para financiar los costos incrementales de proveer cobertura a 1.5 millones de médico indigentes. Dicho programa, se convirtió en una poderosa herramienta de propaganda política que aún hoy hace difícil cualquier intento de atemperarlo a la realidad fiscal de la Isla.

En meses recientes, la sostenibilidad financiera del programa de salud gubernamental ha sido tema de discusión en el Congreso Federal. Hay poderosas voces dentro del partido republicano cuestionando hasta cuando los contribuyentes federales van a financiar este programa. La propia Junta Fiscal ha colocado al programa de salud del gobierno, como una prioridad dentro de los planes de transformación gubernamental.

La presión de costos provocadas por el empobrecimiento de la Isla y el envejecimiento poblacional representan enormes retos para sostener el nivel de gastos del programa cercano a $3,000 millones anuales.

Carlos Rivera Giusti / EL VOCERO

LA INSOLVENCIA DEL ESTADO Y LA INSOSTENIBILIDAD DEL POPULISMO

A partir del 2000, cuando era evidente que la Isla se acercaba a la insolvencia fiscal, todos los gobiernos (de ambos partidos) continuaron aferrados a los programas de ayudas sociales, muchos de ellos apoyados mediante financiamiento federal como el Programa de Asistencia Nutricional (PAN), y otros como "Salud Vital" nombre actual del proyecto iniciado por Rosselló en el 1994.

Entre el 2001 y el 2004, la entonces gobernadora Sila Calderón implementó un ambicioso proyecto de desarrollo social conocido como las "Comunidades Especiales" mediante el cual se impulsaron diversas iniciativas de apoderamiento social y económico en cientos de comunidades rezagadas a través de toda la Isla, e inversiones en infraestructura para tratar de cerrar el abismo de la pobreza de la mitad de la población.

Con el cambio de gobierno en el 2005, el programa perdió prioridad, hasta su eventual desaparición. Posiblemente, fue el último esfuerzo para cambiar el paradigma de la dependencia e iniciar un proceso de desarrollo social fundamentado en las propias comunidades.

Desde entonces, a pesar de la inviabilidad del estado benefactor, todos los gobiernos continuaron rehenes del populismo en menor o mayor grado. Con la agudización de la crisis fiscal y económica, surgió el discurso de la "lucha de clases" y una peligrosa retórica en contra del empresarismo y la creación de riqueza.

Así las cosas, los políticos de ambos partidos, sabiendo de lo poderosa y seductora que es la retórica populista, han decidido explotar la manipulación pública y electoral a favor de continuar o aumentar las ayudas a los pobres.

Aún después de la quiebra gubernamental en el 2016, las dos fuerzas políticas principales resisten desmantelar el estado benefactor para dar paso a reformas estructurales que permitan el surgimiento de una economía fundamentada en la creación de riqueza, y la creación de empleos en el sector privado.

Al igual, que otras economías latinoamericanas, las élites políticas del PNP y el PPD se abrazan al populismo para prometer ayudas y resolver todos los problemas sociales mediante el estado y demonizando a la empresa privada.

El pueblo tiene que entender que aún en las economías con amplios recursos económicos y naturales, el populismo y la corrupción, solo han servido para perpetuar el fracaso económico y el estancamiento.

Los gobiernos han sido capaces de sostener todos estos programas de ayudas sociales gracias al aumento en la deuda, y millonarios subsidios que envía el gobierno de los Estados Unidos. Sin acceso a los mercados y el incremental déficit fiscal federal, es muy probable que algún punto, se comiencen a reducir los beneficios que recibe la Isla.

EL POPULISMO: LOS CASOS DE VENEZUELA, BRASIL Y ARGENTINA

VENEZUELA

El caso más cercano y evidente de como el populismo puede destruir una economía y una sociedad lo tenemos en Venezuela. En el 1992, en medio de una difícil situación económica, bajo la Presidencia de Carlos Andrés Pérez, Chávez encabezó un golpe de estado que no tuvo éxito. Cumplió cárcel brevemente, antes de ser indultado por el presidente Rafael Caldera en el 1994. Ya liberado, el indultado militar se lanza para la Presidencia de Venezuela, y gana en los comicios del 1998.

Capitalizando sobre el descontento popular hacia las maquinarias políticas tradicionales, y los resentimientos hacia los sectores empresariales y productivos, ya en el poder, Chávez instauró un régimen abiertamente populista y que eventualmente radicalizaría hacia el modelo socialista. En el 2007, el movimiento con el que aspiró a la presidencia, Movimiento Quinta República se disolvería y se convertiría en el Partido Socialista Unido de Venezuela.

Para asegurar su permanencia en el poder, el nuevo caudillo abrazó la figura histórica de Simón Bolívar, y a la misma vez comenzó a realizar profundas reformas institucionales que sellaría su permanencia en el poder.

LA BONANZA DEL PETRÓLEO Y LA EXPANSIÓN DEL POPULISMO CHAVISTA

Aprovechando la bonanza generada por los altos precios del petróleo entre el 2008 y el 2013, el gobierno de Chávez inició una agresiva agenda de inversión social que le permitió ganar las simpatías de amplios sectores populares. A la misma vez, comenzaron las nacionalizaciones de empresas y el estado comenzó a implementar una mala copia del modelo económico cubano. La centralización de la actividad económica y las nacionalizaciones comenzaron a amedrentar el capital y la inversión privada.

A partir de la abrupta caída de los precios del petróleo en 2014, las condiciones económicas internacionales se volvieron adversas para el gobierno de Maduro y la incapacidad de poder hacer ajustes macroeconómicos precipitó aún más la caída en espiral de la economía.

Según informes del Fondo Monetario Internacional (FMI) la hiperinflación se encuentra por 10,000,000%, algo sin precedentes en la historia reciente. La crisis ha provocado una gran escasez de medicinas, comida y otros productos básicos, golpeado malamente la calidad de vida de todos los venezolanos.

Las sanciones impuestas por los Estados Unidos y la comunidad internacional han agravado la crisis económica y a la misma vez ha aumentado los niveles de represión política. Para mantenerse en el poder el régimen ha recurrido a todo tipo de maniobras desde la creación de cuentas paralelas para manejar transacciones internacionales, hasta la implementación de una criptomoneda, conocida como el "Petro" y que está respaldada por las reservas de petróleo.

Los servicios de inteligencia de Estados Unidos apuntan a que organizaciones terroristas y de narcotráfico operan desde Caracas como aliadas del régimen. Mientras que China, Irán y Rusia, le proveen apoyo militar y financiero al gobierno de Maduro.

BRASIL

Con una población de 210 millones, y un Producto Interno Bruto (PIB) de $1.8 trillones Brasil es la economía más grande de América Latina. Su extensión territorial de 8.5 millones de kilómetros cuadrados lo hace también el quinto país de mayor territorio en el mundo.

A pesar de sus activos y amplios recursos, Brasil ha tenido grandes tropiezos en su historia reciente. Los niveles de desigualdad y pobreza siguen siendo altos, a pesar de algunos avances logrados durante el comienzo del nuevo siglo. La inestabilidad institucional y la corrupción han acompañado al gigante del sur durante gran parte de su historia moderna.

Entre abril de 1964 y marzo de 1985, Brasil es gobernado por una dictadura militar que dejó 434 muertos y miles de desaparecidos. En el 1989 asciende al poder Fernando Collor de Mello que fue desalojado de la presidencia por actos de corrupción. Entre el 1995 y el 2002, el sociólogo Fernando Henrique Cardoso gobernó al país con relativo éxito, y entre el 2003 y 2010, el líder sindicalista Ignacio Lula Da Silva, asciende al poder con el Partido de Los Trabajadores de orientación socialista.

Luego de experimentar un exitoso proceso de despegue económico bajo el liderato del presidente Lula da Silva, entre el 2003 y el 2010, en el 2012, el PIB de Brasil, superó temporalmente al PIB del Reino Unido, antes de caer en contracción en el 2014.

Fotos GOVBA from Bahia/Brasil

La economía creció a una tasa promedio de 5% entre el 2000 y el 2012, convirtiendo al país en un modelo de éxito para el resto de la región. Sin embargo, a partir del 2014, la economía comenzó a debilitarse, al registrar un crecimiento de .5%, y luego caer en negativo en el 2015 y 2016, con tasas de -3.6% y -3.5%, respectivamente.

Entre el 2017 y 2018 la economía experimentó modestas tasas de crecimiento 1.1%. La crisis política e institucional que vive el país por los casos de corrupción que llevaron a la destitución de la presidenta Dilma Rousseff y el encarcelamiento de Lula, han debilitado su crecimiento económico.

El presidente Michel Temer (2016 – 2018), sucesor de Rousseff una vez esta fue residenciada, también fue acusado de corrupción, y en marzo de 2019, fue arrestado como parte una investigación de un esquema de pago de sobornos. Temer se convertiría en el tercer mandatario consecutivo de Brasil que es formalmente acusado por corrupción, junto a Rousseff y Lula.

El milagro económico de Brasil bajo el Partido de los Trabajadores (PT) se vio opacado por amplios casos de corrupción que salpicaron a tres presidentes y otros funcionarios del partido de Lula.

A partir del 2019 el ultraderechista Jair Bolsonaro, oficial retirado del ejército, gobierna a Brasil con una visión política nacionalista y populista, muy similar a la que implementa el presidente Donald Trump en Estados Unidos.

La crisis política y la corrupción han provocado que aumente la pobreza nuevamente. Estadísticas oficiales apuntan a que el aumento ha sido de un

11%, igualmente la desigualdad se ha disparado nuevamente. En el 2016, Brasil era el país con mayor desigualdad en América Latina.

ARGENTINA

Con un Producto Interno Bruto (PIB) de $432,000
millones, Argentina es una de las economías más
importantes de América Latina. Sin embargo, la historia económica de Argentina evidencia como malos
gobiernos, el populismo y el endeudamiento se pueden combinar para derrotar las posibilidades de éxito
de una sociedad. Durante gran parte del siglo 20, la
inestabilidad política fue la constante en el país sura-
mericano. En menos de cinco décadas, entre el 1930
y el 1976, en la Argentina hubo seis golpes de estado.

Una de las figuras más destacadas en la historia
política y económica de Argentina lo fue Juan Domingo
Perón, que como ministro del Trabajo de uno de los
gobiernos militares se destacó por promover políticas
sociales y laborales de avanzada. Su popularidad, lo
llevó a ganar las elecciones presidenciales en el 1946,
iniciándose así el primer gobierno peronista.

Entre el 1946 y el 1955, su gobierno impulsó importantes reformas orientadas a mejorar las condiciones
de los trabajadores, la nacionalización de industrias, y
la redistribución del ingreso, fundamentado principalmente en el aumento del gasto público. Bajo Perón se
desarrollaron importantes industrias como la automo-
triz y la de equipo militar.

El desarrollo económico e industrial de Argentina no fue muy diferente al del resto de América
Latina, fundamentado en el modelo de sustitución

de importaciones. A pesar de su extraordinaria base industrial y amplia capacidad de producción agrícola, durante la segunda mitad del siglo 20, el endeudamiento ha sido una constante de los gobiernos argentinos.

Durante la dictadura militar entre el 1976 y el 1983, la deuda se elevó dramáticamente hasta convertir a Argentina en uno de los países más endeudados de América Latina. La devaluación de la moneda, la congelación de salarios y la guerra de las Malvinas, no solo castigó la economía, sino que provocó la caída del gobierno de facto.

DE LA BONANZA ECONÓMICA AL DEFAULT

Durante la década del 1990 las medidas económicas se caracterizaron por las privatizaciones, los intentos de inserción a la economía global y apertura de los mercados. Durante ese período, la economía llegó posiblemente a uno de sus mejores momentos en su historia reciente, y el Producto Interno Bruto (PIB), ascendió a $300,000 millones un poco antes de llegar el año 2000. Sin embargo, el endeudamiento llegó a niveles históricos superando los $105,000 millones.

Esto creó las condiciones para la eventual crisis financiera del 2001. La situación se complicó al punto que provocó el fin de la "Ley de Convertibilidad" implementada en la década del 1990, y la crisis financiera estalló en noviembre de 2001, cuando ciudadanos, empresarios e inversionistas comenzaron a retirar sus depósitos bancarios, provocando el colapso del sistema bancario y la imposición del famoso "corralito" o congelación de depósitos.

La negativa del Fondo Monetario Internacional (FMI), de proveer un rescate financiero, agravó la crisis provocando el impago de la deuda o el default de la deuda soberana de $90,000 millones. La crisis financiera provocó una contracción agregada de la economía argentina de 20%, aumentó la tasa de desempleo a 21% y envió a la pobreza al 58% de la población.

La crisis financiera provocó también una tensa situación social y política. Tras las protestas callejeras que provocaron 28 muertes, y centenares de heridas, el presidente Fernando de La Rúa renunció a su cargo, provocando una crisis de gobernabilidad en la cual el país tuvo cinco presidentes en once días.

LA DINASTÍA DE LOS KIRCHNER

Entre el 2003 y el 2015, Argentina vivió la dinastía política de los Kirchner, primero Néstor (2003 – 2007) y luego de su esposa Cristina Fernández. Durante este período, el gobierno impulsó la economía mediante la devaluación constante de la moneda, el fortalecimiento del sector exportador y la renegociación de la deuda.

Ambos gobernantes se alinearon a otros dirigentes de izquierda de la región como Hugo Chávez (Venezuela), Lula da Silva, Rafael Correa (Ecuador) para hacer frente a las políticas neoliberales del FMI y hacer un bloque político a la influencia de los Estados Unidos en la región.

Al fin de su gestión se evidenció una mejoría en algunos indicadores macroeconómicos importantes como el empleo, y la inversión externa.

GUSTAVO VÉLEZ

EL GOBIERNO DE MAURICIO MACRI

Mauricio Macri, (2015 – 2019) intentó encaminar un proceso de reformas económicas alejadas del populismo. La estrategia económica fundamentada en el "gradualismo", no resultó efectiva y en el 2019, creó un posible escenario para un nuevo "default".

El malestar social y el descontento causado por las políticas de Macri, creó las condiciones para el surgimiento de la figura Alberto Fernández que de la mano de Cristina Fernández de Kirchner (2007 – 2015), ganó la presidencia en los comicios del 2019.

A pesar de los esfuerzos para estabilizar el déficit fiscal y mantener la confianza de los mercados, Argentina se encuentra nuevamente en una crisis financiera, y los esfuerzos de ajuste fiscal no han dado resultados. El recién electo presidente ha propuesto una negociación con el Fondo Monetario Internacional (FMI) para evitar un default con los acreedores internacionales.

La Primera Familia de Argentina en el despacho presidencial el 10 de diciembre del 2011, día en el que Cristina Fernández de Kirchner juró por segunda vez como Presidenta de la Nación Argentina.

EL EFECTO DE LA
CRISIS
EN LOS CIUDADANOS

Carlos Rivera Giusti / EL VOCERO

Por décadas, los puertorriqueños gozamos de una alta calidad de vida vinculada a una economía estable y próspera. Éramos el punto de referencia de otros países y el modelo a seguir. Sin embargo, durante las últimas dos décadas esa realidad se ha desvanecido y hoy enfrentamos una crisis histórica. La caída económica unida a la crisis de gobernabilidad ha tenido el efecto de golpear duramente al ciudadano promedio.

La larga depresión, la quiebra, y los desastres naturales han afectado la capacidad de la economía de proveer oportunidades a las personas. Peor aún, la calidad de vida del ciudadano común se ha afectado grandemente. Los salarios se han reducido, hay menos empleos, las empresas han tenido que cortar beneficios y el gobierno ha tenido que recortar servicios esenciales.

La larga depresión ha provocado que la economía experimente una contracción de sobre 20%, la pérdida de 200,000 empleos, y la evaporación de $60,000 millones en riqueza, como consecuencia de la caída del valor de las propiedades, el colapso de cuatro bancos locales, y la crisis de los bonos del gobierno.

Los impuestos que han habilitado los gobiernos recientes han erosionado el poder adquisitivo, a la misma vez que los salarios en decrecimiento, dejan al ciudadano cada más vulnerable económicamente. Luego de la quiebra del gobierno, la gente sabe que cualquier esfuerzo para pagar la deuda a futuro, aún luego de la reestructuración, puede representar aumentos en el costo de las utilidades como, por ejemplo, las tarifas de la energía, y mayores impuestos.

A principios del 2020, los acuerdos de reestructuración promovidos por la Junta Fiscal permitirían reducir el pago de la deuda de $4,200 a $1,500 millones anuales. Este acuerdo permitiría que en dos décadas se haya pagado la totalidad de la deuda. Sin embargo, el gobierno no aceptaba esos términos.

Mientras nuestro futuro económico sigue en el aire, la clase media profesional y los miles de jóvenes que se gradúan anualmente de las universidades miran con recelo la evolución financiera de la Isla y perciben que la situación cada vez se vuelve más adversa para ellos. Están conscientes que el peso que tendrán sus espaldas no será nada de fácil. Un boleto aéreo en una sola dirección hacia los Estados Unidos se convierte en la solución individual para miles de hermanos puertorriqueños.

En ese contexto, el mayor reto que enfrenta Puerto Rico es frenar la caída económica, detener la fuga poblacional, y encaminar un proceso de recuperación.

UNA ISLA EN FUGA

Luego de una larga depresión, de la quiebra, desastres naturales, y la percepción de que Puerto Rico carece un liderato capaz de reconstruir a la Isla, son muchos los ciudadanos que han optado por irse de la Isla.

La acelerada pérdida de población es a nuestro juicio uno de los retos más apremiantes que enfrenta la economía y nuestra generación. Las tendencias analizadas por demógrafos, economistas y otros estudiosos del tema, apuntan a que Puerto Rico enfrenta una transformación demográfica sin precedentes en su historia moderna.

Esta transformación a su vez ya está impactando de forma adversa la economía y las posibilidades recuperación de la Isla, que desde el 2007 enfrenta una profunda depresión. La ecuación compuesta por la pérdida poblacional, la fuga del mejor talento profesional (capital humano), el envejecimiento de la población, y aumento en la desigualdad económica no es nada halagadora para Puerto Rico.

Claramente, la Isla ha tenido otros procesos migratorios como ocurrió en las décadas del 1940 y 1950, cuando miles de puertorriqueños emigraron a los Estados Unidos, en el contexto de la implementación del proyecto de industrialización de la Isla. En la década subsiguiente del 1970 al 1980, muchos comenzaron a regresar a la Isla. Más adelante, en la década del 1990 al 2000, comenzó un nuevo éxodo, principalmente hacia el estado de la Florida. Esa migración ha tomado fuerza según se ha agudizado la economía.

POBLACIÓN TOTAL

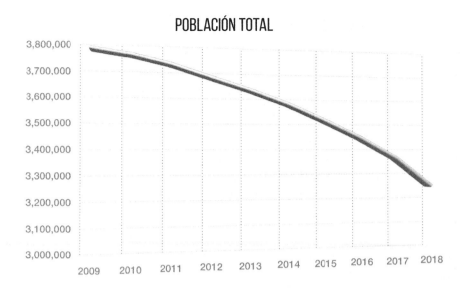

A principios del nuevo siglo, las proyecciones censales apuntaban a que la población alcanzaría los 4 millones en el 2010, estimado que no se materializó, y desde entonces, la población que llegó a 3.7 millones ese año, se ha mantenido en continuo descenso hasta la cifra actual que algunos demógrafos la ubican ya en 3.1 millones de habitantes.

El azote mortal del huracán María provocó una emigración masiva estimada 380,000 en personas, de forma temporal, y aún es impreciso la manera en que va a evolucionar la población en el corto plazo.

Hay que poner en contexto, que la Isla enfrenta el doble desafío de un ajuste fiscal y de la deuda pública bajo el marco legal de PROMESA. Así las cosas, es incierto el efecto neto de ambos procesos sobre la economía y, por ende, sobre los procesos migratorios.

Lo que es evidente que además de la reducción poblacional, por la fuerte emigración, hay a su vez un desfase entre el total de decesos y nacimientos. Según datos de la Junta de Planificación, en el 2008, en Puerto Rico hubo un total de 46,000 nacimientos, y 29,000 defunciones.

En el 2017, hubo 29,000 nacimientos, y 30,000 defunciones. En otras palabras, a partir del 2017, el total de defunciones superó el total de nacimientos, alterando la tasa natural de crecimiento poblacional. En el 2018, esta tendencia volvió a repetirse.

Así, en medio de la peor crisis económica que la Isla haya conocido enfrentamos no solo la salida masiva de miles de personas anualmente, sino que también enfrentamos un desequilibrio entre los nacimientos y los decesos, lo cual puede tener el efecto de acelerar aún más el descenso poblacional. Y, por último, el tercer factor, es un envejecimiento de la población.

NACIMIENTOS Y MUERTES
(EN MILES)

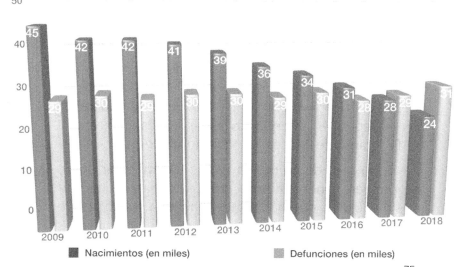

■ Nacimientos (en miles)　　　　▨ Defunciones (en miles)

▊ LA POBLACIÓN ENVEJECE DE FORMA ACELERADA

Para el 2000, según el negociado del censo, mientras la mediana de edad se ubicaba en 32.1 años, ya para el 2016, la mediana había ascendido a 41.4 años, lo que evidencia un acelerado proceso de envejecimiento de la población.

Claramente, el actual patrón demográfico representa un serio reto a la viabilidad económica de Puerto Rico. Todas las economías maduras como la nuestra, necesitan un nivel razonable de población, para sostener niveles productivos aceptables, de generación de empleos, y de ingresos para el gobierno. La crisis demográfica representa un serio desafío para el país y las empresas. Los mercados se reducen, y las industrias se consolidan de forma proporcional a este proceso.

Análisis realizados por nuestra firma de asesoría, Inteligencia Económica evidencian como industrias como lo de los centros comerciales, los supermercados, y la banca entre otras, enfrentan un serio proceso de consolidación, en su proceso de adaptación a la nueva realidad macroeconómica de Puerto Rico. En promedio, las principales industrias de consumo se han reducido entre un 25% y un 30%, como resultado de la pérdida de población.

En el tema de la pobreza, el estancamiento del mercado laboral por la pérdida de 200,000 empleos desde el 2005 al presente, ha provocado un aumento en la dependencia en las ayudas sociales, incluyendo el Programa de Asistencia Nutricional (PAN).

En la medida en que la Isla se continúe vaciando, se pueden generar fuertes presiones macroeconómicas y sociales, que harán insostenible la viabilidad de Puerto Rico.

▌UNA HIPOTECA DE $70,000 MILLONES

Entre el 2001 y el 2012, la deuda aumentó de $25,814 a $71,345 millones, y lamentablemente, mucha de esta deuda no se utilizó para usos productivos, sino para pagar gastos recurrentes y financiar déficits fiscales.

DEUDA DE PUERTO RICO INCLUYENDO LAS PENSIONES (MILLONES)

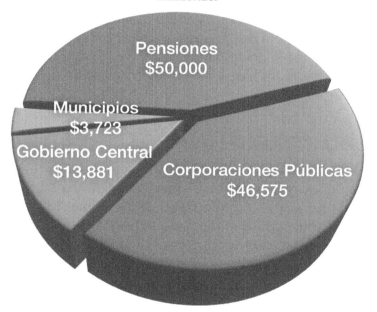

Para entender la dimensión del problema, hay que mirar los números y hacer una matemática sencilla. La suma de la deuda pública ($70,000 millones), la obligación a futuro de las pensiones del gobierno de Puerto Rico, ($50,000 millones), y el impacto del huracán María ($80,000 millones), nos lleva a la cifra del problema financiero de sobre $200,000 millones.

La cifra de $200,000 millones, duplica el valor del Producto Interno Bruto (PIB), que es de $103,000 millones, y casi tres veces, el valor del Producto Nacional Bruto (PNB), que se ubica en la cifra de $70,000 millones. La diferencia entre el PIB y el PNB, es que el primero incluye el valor de la producción del sector externo, como las farmacéuticas y empresas multinacionales.

La presión de la deuda hacia la base productiva y la clase trabajadora es enorme. Es por eso, que se busca reducir la deuda pública y el gasto del gobierno, y se plantea la necesidad de reactivar la capacidad de producción, para devolver la economía a un nivel de equilibrio.

LA DICTADURA DE LOS IMPUESTOS

Desde que comenzó la crisis fiscal en el 2001, los contribuyentes y la ciudadanía, han sido acribillados por una amplia cantidad de nuevos impuestos, que han debilitado su poder adquisitivo. Los gobiernos también han aumentado otros impuestos existentes para buscar dinero y mantener el nivel de gastos.

En el 2001, mientras comenzaron a surgir los déficits estructurales, se implementaron aumentos en los arbitrios a las bebidas alcohólicas y los cigarrillos, para cuadrar el déficit de entonces, estimado en $700 millones. La entonces Gobernadora Sila Calderón, intentó implementar una reforma contributiva fundamentada en un Impuesto al valor añadido (IVA) que nunca despegó.

En el 2005, en medio del gobierno compartido, ya el déficit estructural era mayor, estimado en $1,200 millones. A pesar de la promesa de implementar un programa de alivios contributivos sin precedentes, la historia fue otra. En medio de la crisis política de aquellos tiempos, cerró el gobierno y surgió la idea de imponer un impuesto al consumo de 5.5% para ampliar la base contributiva y evitar la degradación del crédito del gobierno a chatarra.

En una maratónica sesión legislativa de madrugada, con la prisa en contra, la Asamblea Legislativa, votó por una legislación que en vez de habilitar un impuesto al consumo de 5.5%, fue de 7%. Alivios menores fueron incluidos en esa reforma contributiva, pero no fueron suficientes.

Entre el 2006 y el 2019, los diferentes gobiernos, nos han crucificado con nuevos impuestos que han impactado nuestro bolsillo por $35,000 millones. El impuesto al consumo (IVU) iniciado en el 2006 ha generado recaudos acumulados de $20,000 mientras que el impuesto a las corporaciones foráneas ha permitido generar sobre $16,000 millones desde el 2011 al presente.

En tiempos recientes se han habilitado otros impuestos como el aumento a la "patente nacional", aumento en el impuesto a los derivados del petróleo (cruditas), aumentos en los arbitrios a las bebidas y cigarrillos. También han aumentado las tarifas básicas de energía y agua, como medidas para mantener a salvo las corporaciones públicas quebradas por décadas de mala administración.

CRONOLOGÍA DE IMPUESTOS Y FALLIDAS MEDIDAS FISCALES

2005 – 2006: CIERRE DEL GOBIERNO E IMPLEMENTACIÓN DEL IVU

Como secuela del alto endeudamiento que se comenzó a manifestar a finales de la década del 1990 unido a la desaceleración de la economía, a principios del 2000, el fisco comenzó a sentir fuertes presiones. Estas se agudizaron en el 2005, con un déficit estructural que ascendía a $1,200 millones.

La fractura de un gobierno dividido, durante ese cuatrienio (2005 – 2008) impidió el desarrollo de una solución coherente a este problema, y con la presión de las casas acreditadoras de Estados Unidos, la legislatura bajo control del Partido Nuevo Progresista y el gobierno central en manos del Partido Popular Democrático, se embarcaron en la aprobación de un impuesto al consumo de 7%, que entró en vigor en noviembre del 2006.

El impuesto al consumo aprobado en el verano del 2006 como parte de un acuerdo para reabrir el gobierno que había cerrado parcialmente en mayo primero de ese año incluía separar un 1% del 7% para proveer una fuente de pago a $7,000 millones de deuda emitida en la década del 1990 y que no tenía fuente de repago. La aprobación del impuesto al consumo evitó que se llevara a la categoría "chatarra" el crédito del gobierno en ese momento, algo que como quiera ocurrió en febrero del 2014.

La implementación accidentada del Impuesto de Venta y Uso (IVU), como se le llamó al nuevo tributo, sin una reducción en las tasas contributivas personas, y otros arbitrios vigentes representó un duro golpe al consumidor. El IVU amplió la base contributiva pero el aumento en el gasto público no evitó que la crisis fiscal continuara agudizándose.

2009 – 2012: LA LEY 7 Y LA AUSTERIDAD

Entre el 2009 y el 2012, a pesar del IVU la crisis continuaba. El entonces gobierno entrante, tuvo que imponer unas medidas de austeridad e impuestos temporeros, bajo la entonces Ley 7 de 2009, que fue impopular, ya que implicó el despido de cerca de 20,000 empleados públicos.

Más adelante, la propia administración implementó lo que fue posiblemente la reforma contributiva más completa y ambiciosa implementada desde el 2000. Se introdujeron agresivas rebajas en los impuestos personales y corporativos, que dejaron sobre $1,000 millones en las manos de los individuos y las corporaciones.

2013 – 2016: AUMENTAN EL GASTO Y LOS IMPUESTOS

En el 2013, nuevamente el gobierno regresa a manos del PPD, y con un cambio filosófico de orientación populista, se revirtieron las rebajas contributivas, se aumentó el gasto público. La retórica adversarial hacia los mercados de capital, provocaron que, en el 2014, degradaran el crédito a chatarra. Cuando el gobierno se dirigía hacia la insolvencia, surgió la idea de implementar un impuesto al valor agregado (IVA) de 16%, de base amplia.

Esta propuesta enfrentó la oposición de varios sectores económicos y el nuevo mecanismo contributivo nunca se pudo implementar. Resultando en el aumento del IVU de 7% a 11.5%.

2017 – 2019: IMPROVISACIÓN Y UNA MAL LLAMADA REFORMA CONTRIBUTIVA

Con el gobierno ya en quiebra, y la supervisión de una Junta Federal, impuesta por el Congreso de los Estados Unidos, la Asamblea Legislativa se embarcó en una mal llamada reforma contributiva. Lejos de introducir una verdadera reforma, como lo demanda la actual crisis, intentan colar bajo el manto de la "Reforma", legalizar 40,000 tragamonedas que deben producir unos $150 millones anuales.

La "deforma contributiva" como le he llamado, deja inalterada las tasas contributivas, y no elimina el impuesto sobre los inventarios, elemento fundamental para ayudar al sector comercial. Solo introduce un crédito de 5% a todos los contribuyentes, baja la tasa corporativa de 39% a 37%, elimina el impuesto entre empresas (B2B) de 4% a empresas con volúmenes de ingreso por debajo de $200,000. La mal llamada reforma, reduce el IVU a los alimentos procesados de 11.5% a 7%.

También modifica la contribución alterna mínima, con efectos adversos sobre comerciantes y personas que trabajan por cuenta propia.

En fin, la supuesta reforma contributiva, es una mera lista de enmiendas al código contributivo que en nada atiende los objetivos primordiales de un sistema contributivo eficiente y de altura, que es asegurar los recursos óptimos del estado, redistribuir la riqueza que produce la economía, y promover el ahorro, el trabajo y la inversión.

La "reforma" aprobada no es otra cosa que una medida para que el gobierno y la legislatura, puedan generar ingresos para mantener contratos y el gasto público. Lo trágico del asunto es que se fundamenta en la legalización del vicio de las apuestas en las tragamonedas.

- No provee alivios contributivos significativos a los individuos ni a las corporaciones. Solo provee un crédito de 5% a todos los contribuyentes y las tasas contributivas se quedan igual;

- No equipara la tasa corporativa de Puerto Rico, al nivel de Estados Unidos que fue reducida a 21% en el 2017. La legislación aprobada la reduce de 39% a 37.5%;

- No elimina el impuesto sobre los inventarios, promesa de todos los políticos luego del huracán María, para evitar otra crisis de abastos, como la que ya vivimos;

- No establece con claridad los objetivos fiscales ni de desarrollo económico;

- No provee garantías de que los recaudos fiscales a futuro serán garantizados;

- No establece cual será el beneficio para reactivar la economía dentro del Plan de Reformas que actualmente se implementan;

- No atiende el desfase que ha creado la reforma tributaria federal del 2017, que ha colocado los tipos contributivos federales por debajo de Puerto Rico.

En resumen, los alivios contributivos otorgados no representan ni el 1% del Producto Bruto real, lo cual es marginal, si se toma en cuenta, que en la última década los diversos impuestos habilitados han impactado a los individuos y a las corporaciones por $15,000 millones.

ESTANCAMIENTO EN LOS SALARIOS

El estancamiento salarial ha sido uno de los efectos de la larga crisis que ha afectado la calidad de vida del pueblo.

SALARIO ANUAL PROMEDIO EN PUERTO RICO

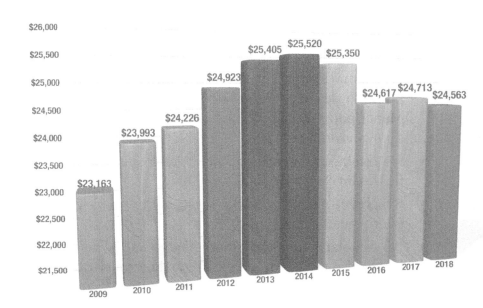

Luego de crecer de forma sostenida, entre el 2009 y el 2014, a partir del 2015, el salario promedio en Puerto Rico ha comenzado a descender. Por ejemplo, en el 2015, el salario promedio anual ascendió a $25,350, para luego descender a $24,617 en el 2016, y eventualmente experimentar una recuperación moderada, al ascender a $24,713, en el 2017. Ese aumento ocurre a pesar del impacto económico que tuvo el huracán María sobre la economía y el mercado laboral.

En primer lugar, no es secreto las presiones que enfrenta el mercado laboral como consecuencia directa del propio estancamiento económico que se experimenta desde hace un poco más de una década.

Ante la dura crisis, es evidente que muchas empresas hayan tenido que recortar plazas de trabajo, congelar aumentos salariales y hasta reducir beneficios a sus empleados. Por ejemplo, cada año, son más el número de empresas que piden ser exoneradas del pago del bono de navidad.

GRUPO TRABAJADOR Y PERSONAS EMPLEADAS (MILES)

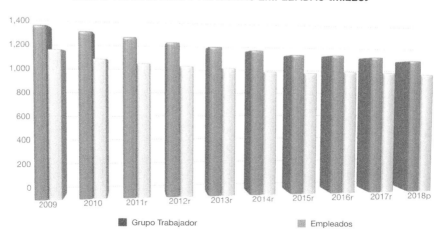

Durante el período de 2009 al 2018, se perdieron 173,000 empleos o un 15%, del total de empleos, lo cual se tradujo en presiones salariales, y reducción abrupta del grupo trabajador y del total de empleados activos. El grupo trabajador se redujo por 244,000 personas.

El estancamiento en los salarios se traduce en una devaluación del poder adquisitivo real de los consumidores, que a su vez tienen un efecto directo sobre el consumo, y la capacidad de ahorro de los ciudadanos. Salarios más bajos, representan menor poder de compra de los ciudadanos, que han tenido que hacer ajustes para mantener su nivel de vida.

Al comparar la media salarial de Puerto Rico con la de los Estados Unidos, se evidencia un profundo abismo, ya que el salario promedio en el norte es $47,060, mientras que en la Isla en el 2018 fue de $24,563.

AUMENTO EN LA DEPENDENCIA EN LOS FONDOS FEDERALES

La reducción en la actividad económica, la pérdida de población y el envejecimiento acelerado de los puertorriqueños se complica aún más con el aumento en el nivel de pobreza. El Censo Federal ubica en 44% el total de familias que viven en pobreza y que dependen de las diferentes ayudas federales.

Al profundizar en este análisis se pueden vislumbrar otras realidades que preocupa. En primer lugar, la proporción de hogares que dependen del Programa de Asistencia Nutricional conocido como el PAN, se ubicó sobre el 50% en el 2018, justo luego del impacto del huracán "María"

Carlos Rivera Giusti / EL VOCERO

Es decir, casi la mitad de los hogares en la Isla depende de este programa federal para alimentarse. En el 2018, cuando el gobierno aumentó por $1,200 millones los fondos del PAN, estimados de Inteligencia Económica reflejaron que el total de hogares recibiendo este beneficio pudo ascender a 60%.

Este incremento se debió al impacto del huracán "María". De forma regular, la Isla recibe cerca de $1,800 millones anuales para facilitar el acceso a alimentos no procesados a familias que cumplan con ciertos criterios de elegibilidad.

VALOR DE LAS TRANSFERENCIAS FEDERALES A LOS INDIVIDUOS (MILLONES)

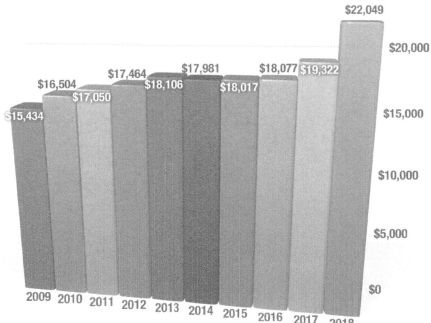

Fuente: Apéndice Estadístico, Informe Económico de la Junta de Planificación

En cuanto al tema de salud, una tendencia que levanta preocupaciones es que el total de personas que tienen una cubierta de salud provista por el gobierno local o federal aumentó de 55.9% en el 2010 a 62% en el 2018.

En momentos en que el nivel de endeudamiento y el déficit fiscal, del gobierno de los Estados Unidos llega a niveles preocupantes, urge comenzar a buscar opciones que reduzcan la dependencia en las ayudas para alimentos y financiar el sistema de salud.

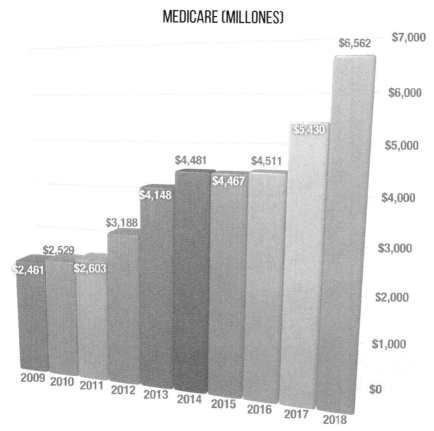

MEDICARE (MILLONES)

Fuente: Apéndice Estadístico, Informe Económico de la Junta de Planificación

GUSTAV

Lawrence Jackson (Executive
Office of the President of the
United States)

Informes publicados recientemente indican que el Medicare puede quedar insolvente para el 2026. Igualmente, las proyecciones indican que el Seguro Social, tendrá solvencia solo hasta el 2034.

Sin una clara respuesta del Congreso Federal, es impreciso saber si en efecto, estos escenarios se materializarán según se ha pronosticado. La crisis financiera por la que atravesó Estados Unidos entre el 2008 y el 2009, unido al envejecimiento poblacional, son los factores que mayor peso están teniendo en el rápido deterioro financieros de los dos programas de seguridad social.

En Puerto Rico, el Seguro Social, pagó $7,201 millones en el 2018, mientras que en el Medicare pagó $6,562 millones para un total de $13,763 millones de forma combinada.

Al igual que en Estados Unidos, el rápido envejecimiento poblacional ha provocado que un porcentaje considerable de la población dependa de ambos programas.

BENEFICIOS DEL SEGURO SOCIAL (MILLONES)

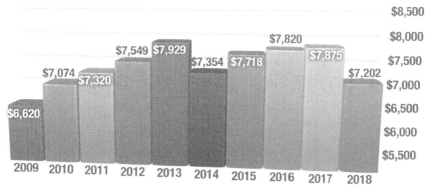

Fuente: Apéndice Estadístico, Informe Económico de la Junta de Planificación

UNA VISIÓN ECONÓMICA INCLUSIVA Y SOCIAL

La crisis estructural que experimenta la economía local obliga a una revisión aún más profunda de los paradigmas económicos y sociales que han regido en las últimas décadas.

La quiebra del gobierno ha fracturado el fin del "capitalismo de estado" y de los beneficios que proveía el gobierno a las personas y a las empresas vía los incentivos contributivos. El frágil capitalismo puertorriqueño altamente dependiente del gobierno también se tambalea ante la propia crisis económica y fiscal gubernamental.

Ante estos retos históricos, para trascender la actual crisis es indispensable construir una nueva estructura productiva no solo más humana y con orientación social, sino fuerte e independiente del gobierno. Esta nueva visión puede implementarse con acciones puntuales que tengan impacto inmediato en la economía y en el entorno social, como, por ejemplo:

- **INVERTIR Y POTENCIAR EL EMPRESARISMO EN LAS COMUNIDADES REZAGADAS:** El propio sector privado y el gobierno deben comenzar a invertir recursos en la creación de empresas en las comunidades marginadas, mediante cooperativas de producción, la autogestión y las empresas comunitarias.

Las empresas grandes y establecidas pueden enfocar sus programas de responsabilidad social corporativa a la adopción de empresas emergentes de las comunidades rezagadas.

- **MEJORAMIENTO DE LOS SALARIOS:** Para mejorar el ingreso, se debe habilitar una política salarial que esté vinculada a la productividad y rentabilidad de las empresas para que estas puedan gradualmente mejorar los salarios a sus empleados. Como parte de esta política, el gobierno debe bajar los costos de hacer negocios a las empresas, para que estas puedan estar en mejor posición de aumentar salarios.

- **TRANSFORMAR EL ESTADO BENEFACTOR:** Igual importancia tiene que el gobierno transforme el estado benefactor para convertirlo en un sistema que facilite la transición hacia el mundo del trabajo formal. La manera en que está estructurado

el actual sistema desalienta el que las personas busquen trabajo y progresen. Cuando las personas comienzan a trabajar se les quitan todas las ayudas de forma inmediata. El nuevo enfoque requiere que mejoren los salarios, que los impuestos sean razonables y que se provea un período de transición.

- **FIN DEL DISCURSO POPULISTA:** La clase política cese su discurso populista y el clientelismo electoral, que solo perpetúan el estancamiento y la pobreza. Los políticos y el gobierno deben enfocarse en crear las condiciones donde el sector privado opere de manera óptima, para que pueda crecer y ser el motor de la prosperidad económica.

- **UNA NUEVA MISIÓN SOCIAL DE LAS EMPRESAS:** Los empresarios deben ampliar su misión corporativa más allá de la generación de ganancias, y comenzar a cumplir con una nueva misión social e implementar un capitalismo más humano.

Carlos Rivera Giusti / EL VOCERO

UNA ESTRATEGIA QUE NO DEPENDA DE FONDOS FEDERALES

Una de las consecuencias negativas de la larga relación económica y política con los Estados Unidos es que la economía local se ha vuelto altamente dependiente a los fondos federales.

Desde mi perspectiva, esta dependencia ha limitado las capacidades de crecimiento económico de la Isla, y en cierto grado, ha afectado la creatividad e iniciativa local para generar iniciativas propias de desarrollo.

El diseño institucional y el modelo económico han provocado que los administradores del territorio miren continuamente hacia el norte como principal referente de las decisiones administrativas. Ha sido el propio gobierno federal el que ha generado las soluciones y provisto los recursos cada vez que en la Isla detona una crisis económica.

A partir de entonces, el despegue económico e industrial de Puerto Rico ocurrió como un proyecto apoyado e inspirado en esa visión de la metrópolis para asegurar la estabilidad de su posesión en el Caribe y consolidar su liderazgo e influencia en la región.

La inyección de recursos, la provisión de incentivos económicos y tratamientos favorables fueron elementos esenciales para que la Isla se convirtiera en la famosa "vitrina de la democracia" y como un caso de éxito económico mientras el resto de las economías de la región estaban sumidas en caos y subdesarrollo.

Esta visión de éxito de Puerto Rico cobró notoriedad en la década del 1960, cuando Cuba cayó bajo el dominio de Fidel Castro y su revolución socialista se convirtió en el primer satélite soviético en la región en plena "Guerra Fría". Entre las décadas del 1970 y el 1996, el gobierno federal se aseguró de apoyar a Puerto Rico, mediante ayuda económica, subvenciones, y mecanismos contributivos que permitieran la estabilidad y el crecimiento económico.

Sin embargo, a partir de la década del 1990, el fin de la "Guerra Fría" y la disolución de la Unión Soviética, el interés geopolítico de Estados Unidos en Puerto Rico comenzó a disiparse. La derogación de la Sección 936, por parte del Congreso en 1996, fue el principio del fin. Esa decisión afectó la capacidad competitiva de la Isla para atraer inversión, mientras que la Casa Blanca iniciaba esfuerzos de apertura comercial en la región.

La firma de tratados de libre comercio con otras economías de la región como el firmado con México en el 1995 y Canadá (TLC) y eventualmente al "Acuerdo de Libre Comercio con Centroamérica y República Dominicana" CAFTA-RD en el 2006, fue otra señal de que Puerto Rico iba perdiendo valor geopolítico.

A principios del nuevo siglo, entre el 2000 y el 2003, la salida de la marina de guerra de Vieques y el eventual cierre de la base naval Roosevelt Roads en Ceiba, marcó el final del rol de Puerto Rico como componente esencial del sistema de seguridad nacional en la región.

Durante las pasadas dos décadas, se hizo más evidente la falta de interés del gobierno federal en Puerto

Rico. Las administraciones de Bush (2001 – 2008) y Barack Obama (2008 – 2016) no mostraron mucho interés en colaborar con los gobiernos locales en temas fundamentales.

Durante el 2016, la crisis fiscal y eventual quiebra del gobierno tuvo como respuesta de la Casa Blanca y el Congreso, la imposición de una Junta de Supervisión Fiscal, sin inyectar recursos fiscales y sin ningún interés de proveer herramientas de desarrollo económico.

A partir del 2017, con la administración Trump, ya trascendemos del poco interés al desprecio total de

Carlos Rivera Giusti / EL VOCERO

la Casa Blanca y los círculos de poder político en la capital federal. Los ataques públicos del presidente a la clase política, a los que con razón acusa de corruptos, y las decisiones de política pública de retener los fondos de recuperación luego del huracán María, son señales inequívocas que se acerca el final de décadas de dependencia.

Cercano a finalizar su primer término, la visión de Trump de hacer a "América Grande Nuevamente" (MAGA por sus siglas en inglés) claramente no incluye los a los tres millones de ciudadanos norteamericanos en el territorio del Congreso en el Caribe.

Acá, amplios sectores de la población, incluyendo al sector empresarial, no logran aún entender de que los vientos han comenzado a soplar en una dirección opuesta y que es momento de comenzar a desarrollar un plan económico y de recuperación que no dependa de los fondos federales.

Más allá de la visión del actual presidente, el alto endeudamiento del gobierno federal de $23 trillones, y el alto déficit fiscal, nos deben obligar a buscar una ruta que no dependa de más ayudas federales. Puerto Rico no debe ni puede seguir fundamentando su desarrollo en la recurrencia de asignaciones federales que no controlamos.

Urge comenzar a "pensar fuera de la caja" y construir soluciones propias. El sector privado y la clase política deben comenzar a generar un consenso en torno a propuestas específicas que hagan posible esa nueva ruta sin ayudas federales y la construcción de un nuevo paradigma de desarrollo social y económico.

A continuación presento algunos elementos de la nueva visión económica a la que debemos aspirar:

FORTALECIMIENTO DE LAS BASES PRODUCTIVAS DE CAPITAL LOCAL

El desarrollo de una economía propia, con un menor grado de dependencia a las ayudas federales, va a requerir de fortalecer las bases productivas de Puerto Rico, particularmente aquellas vinculadas al capital local. Desde el 1948 hasta el 2005, el crecimiento industrial y económico de la Isla se fundamentó en la atracción de capital externo que, al dejar de llegar, en gran medida provocó la actual depresión económica.

La derogación de los beneficios contributivos provistos por la Sección 936 en 1996 provocó las condiciones para el debilitamiento económico y eventual caída productiva que perdura hasta el día de hoy. Desde entonces, no hemos logrado articular una nueva estrategia de desarrollo anclada en el capital local y no en la atracción de empresas.

La nueva estrategia de desarrollo debe estar fundamentada en el capital local y en maximizar las capacidades de las empresas y el capital humano local. Para lograr esto, hay que reorientar el actual esquema de incentivos que sigue enfocado en la atracción de capital exterior y enfocarlo hacia industrias locales en las que existan fortalezas y ventajas competitivas.

A pesar de la larga depresión, el sector empresarial local posee suficiente capital, un vasto conocimiento y herramientas para expandir su capacidad de apoyar a la economía. El empresariado local que opera en las industrias de la construcción, la manufactura, los servicios profesionales, el sector hotelero, la industria de alimentos, los seguros, y la informática exhibe grandes posibilidades para formar parte de un proceso reconstrucción económica.

Las industrias anteriormente mencionadas son las que posees ventajas competitivas y pueden liderar un proceso de recuperación económica.

Por ejemplo, en la industria de construcción, hay empresas que gozan de una escala de operaciones que les ha permitido expandirse a realizar proyectos en la región y en los mercados de los Estados Unidos. En la industria de la manufactura, hay empresas locales en diversos rubros, como alimentos y bebidas y materiales de construcción, que exportan a los mercados regionales. Mientras que, en el área de tecnología, se ha ido formando un ecosistema vibrante de empresas orientadas al diseño de software e innovadoras soluciones corporativas.

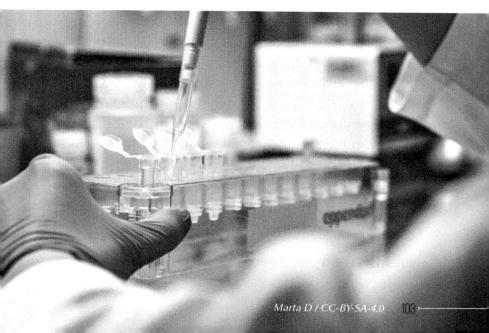

Dentro de esta nueva visión, el gobierno debe convertirse en un facilitador del crecimiento del capital local con políticas públicas claras y efectivas para mejorar el clima de hacer negocios (costos energía, permisos, e impuestos) y crear las condiciones para que el sector privado pueda crecer y ser la fuerza motriz del desarrollo económico a largo plazo de la Isla.

DESARROLLO DE UN ECOSISTEMA PRODUCTIVO

El modelo económico vigente no logró la mayor integración posible de las industrias externas con suplidores y empresas de capital nativo. Es decir, no logró la creación de eslabonamientos y un verdadero ecosistema productivo que es lo que le provee estabilidad y capacidad de crecimiento a una economía.

La nueva estrategia económica fundamentada en el capital local debe aspirar a lograr lo que los economistas llamamos: creación de eslabonamientos entre los diferentes sectores productivos. Al promoverse y lograrse estos eslabonamientos, se logran lazos de colaboración productiva que amplían el impacto multiplicador de las nuevas actividades económicas.

Un ejemplo de la creación de eslabonamientos podemos visualizarlo en el turismo. Un hotel de capital local pudiera tener un restaurante propiedad de un operador local, a su vez, ese restaurante al comprar carne, jugos y la mayor cantidad de productos de agricultores locales genera un impacto adicional en la industria agrícola.

En este ejemplo, tenemos tres niveles productivos vinculados orgánicamente, el hotel, el restaurante, y

agricultores. Las tres industrias están eslabonadas dentro de un ecosistema que genera amplias posibilidades productivas en la medida en que se amplían los eslabonamientos en el resto de la economía.

Otro ejemplo, pudiera ser la contratación de mayor cantidad de suplidores de una empresa de manufactura local. Un ejemplo, puede ser una operación agroindustrial que la mayor cantidad de insumos sean del agro local, puede convertir esto a su vez en productos finales, que fluyan a supermercados de capital local o restaurantes y que finalmente lleguen al consumidor final y que decida patrocinar estos productos.

En el trayecto desde la salida del producto de la finca hasta los supermercados locales, se va creando un valor agregado que tiene un efecto multiplicador de producción, empleos e ingresos, que beneficia a la economía.

En una fase ulterior aún más importante, si los propietarios de las empresas locales de las diferentes industrias vinculadas en toda la cadena productiva deciden reinvertir parte de la riqueza en la economía, entonces tenemos lo que los economistas llamamos un proceso de formación de riqueza sostenido que va a permitir el crecimiento a largo plazo de la economía.

DESARROLLO DE CONGLOMERADOS ECONÓMICOS

Otra posibilidad dentro de una estrategia de desarrollo económico es la creación de conglomerados (clusters) de una industria particular. Un ejemplo de este modelo lo tenemos actualmente en el área oeste, con la comunidad de empresas asociadas a la industria aeroespacial.

Empresas de alto calibre tecnológico se han ubicado entre los municipios de Aguadilla, Moca, e Isabela, sacándole provecho a los activos de la región, como el Colegio de Ingeniería de la UPR en Mayagüez, y la calidad de vida de esos pueblos. La nueva estrategia de desarrollo económico debe contemplar la creación de conglomerados de diferentes industrias a través de todo Puerto Rico.

Por ejemplo, actualmente se desarrolla un conglomerado de hoteles y de entretenimiento en la zona de Miramar alrededor del Centro de Convenciones sacándole a la presencia de facilidades hoteleras, restaurante, el aeropuerto y los puertos que reciben barcos cruceros.

Otros ejemplos de conglomerados económicos los tuvimos en la zona de Hato Rey en lo que se conoció como la "Milla de Oro" con la comunidad de diversos bancos comerciales en esa zona, y en el municipio de Carolina, tuvimos un importante conglomerado de empresas farmacéuticas, de las cuáles hoy quedan muy pocas fábricas.

Puerto Rico aún puede aspirar a crear conglomerados de empresas asociadas a la tecnología, a los seguros y los servicios financieros capitalizando en las ventajas competitivas y la presencia de incentivos contributivos como la Ley 20 y 22, la Ley del Centro Bancario Internacional (CBI) y la Ley del Centro Internacional de Seguros (CIS).

POLOS ECONÓMICOS REGIONALES

Ante el evidente rezago y estancamiento de diversas regiones fuera del área metropolitana, planteamos el desarrollo de una visión regional de desarrollo económico en

la cual, se definan y articulen estrategias de crecimiento fundamentadas en las ventajas de cada región.

Por ejemplo, en la región sur, devastada por los terremotos recientes, puede fundamentar un proceso de desarrollo mediante una diversidad de iniciativas que maximicen el potencial del turismo, la gastronomía, la agricultura, y el Puerto de Ponce, como eje central de actividades de transporte marítimo y distribución.

En el oeste, el desarrollo económico se puede fundamentar en la industria aeroespacial, y el turismo. Recientemente, el empresario tecnológico, Orlando Bravo anunció el lanzamiento de un proyecto en Mayagüez, para impulsar el desarrollo de empresas tecnológicas.

Por otro lado, la región central puede ver un mejor futuro en una mezcla de actividades turísticas, gastronómicas y agrícolas, vinculadas entre sí, dentro de un proyecto de colaboración regional innovador.

Mientras que la región este, puede desarrollarse como un polo turístico y de transportación sacándole provecho al redesarrollo de la antigua base naval de Ceiba, e integrando las dos islas municipios de Vieques y Culebra.

INSERCIÓN EN LA ECONOMÍA INTERNACIONAL

A pesar de los serios cuestionamientos que tiene la globalización, los tratados comerciales como el NAFTA y el CAFTA-DR, continúan vigentes, y los empresarios en Puerto Rico no han sido capaz de maximizarlos como nuevos mercados. Si en efecto queremos expandir la capacidad de crecimiento del empresariado local, es imperativo desarrollar una estrategia de inserción plena de las empresas locales, dentro de los mercados regionales.

El sector privado debe apoderarse del proceso de desarrollar un plan de integración en los mercados regionales, mediante la creación de puentes y relaciones comerciales con los empresarios de los países de la región.

Cuando hablamos de inserción plena, nos referimos a las empresas locales buscando mercados y creando relaciones permanentes en esos mercados. En el corto plazo, el empresariado local puede explotar sus ventajas comparativas para aumentar sus exportaciones de

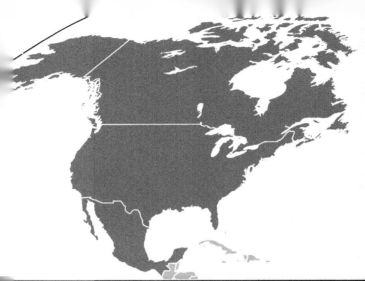

NAFTA (North American Free Trade Agreement)
Canadá, México, Estados Unidos

servicios, tecnología, alimentos procesados, seguros y finanzas, en Centroamérica y el Caribe.

La República Dominicana y Panamá son dos mercados cercanos en los que hay grandes oportunidades para los empresarios locales. En ciertas industrias como la informática, la salud, los servicios profesionales, los seguros y las finanzas, la Isla goza de ventajas competitivas que permitirían la inserción en esos y otros mercados de la región.

En la costa este de Estados Unidos hay un gran potencial de crecimiento tomando en cuenta la presencia de cinco millones de puertorriqueños, que son un mercado natural para los exportadores locales.

Por diversas razones, históricamente los esfuerzos de atracción de inversión del gobierno han estado enfocados hacia los Estados Unidos. La búsqueda de empresas y de inversión directa se han enfocado estrictamente en nuestro socio del norte. Los esfuerzos para atraer inversión de América Latina (LATAM), han sido casi inexistentes, a pesar de que Puerto Rico gravita también geográfica y culturalmente en el entorno cercano.

Nuestra posición geográfica entre el sur y el norte, nos hubiera permitido ser un centro natural para el intercambio comercial y financiero, pero ese rol nos los quitó Miami hace mucho tiempo.

Hoy, sin embargo, se abre una nueva ventana de oportunidad para que Puerto Rico se pueda posicionar como un destino para atraer profesionales, empresarios e inversión de países como Argentina, Brasil o Venezuela.

LA EDUCACIÓN COMO PUNTA DE LANZA DEL DESARROLLO ECONÓMICO

La educación y el capital humano se han convertido en un importante generador de competitividad global. Uno de los elementos comunes de las economías exitosas de Asia y Europa, es que poseen sistemas educativos de calidad mundial.

Según el Banco Mundial, en el 2014 a nivel global, el gasto de los países en educación representó el 4.88% de su Producto Interno Bruto (PIB). Según el informe del propio Banco Mundial, para ese mismo año, el gasto en educación de Puerto Rico representó el 6.5%. En 1971, en pleno despegue económico, esa cifra representaba el 7.25%.

Para el 2014, Estados Unidos invirtió el 4.98% en educación mientras que, para Canadá, la cifra fue de 5.3%. Mientras que Cuba, invirtió el 12.8% de su PIB en educación. Finlandia por su parte, dedicaba 7.1% de su PIB a educación.

Lo interesante es que cuando se compara con otras economías exitosas, se evidencia que la inversión que hace Puerto Rico en educación como proporción de su PIB equipara favorablemente a otras economías desarrolladas. Es decir, el problema no es de inversión sino posiblemente de los modelos educativos que actualmente se implementan y la posible desconexión con la economía.

Los datos comparativos del Banco Mundial validan la necesidad de examinar si en efecto las políticas educativas actuales permiten maximizar los recursos que como sociedad orientamos a la educación.

En un momento tan crucial como se encuentra la Isla, la inversión pública y privada que destinamos a la educación debe tener como norte, producir el mejor capital humano y vincularse a un proyecto económico de largo plazo.

Entre la inversión que hace el Estado en el Departamento de Educación (DE), $2,600 millones y la inversión que se hace en la Universidad de Puerto Rico, de $1,240 millones, representan $3,840 millones. Mientras que, a nivel privado, los puertorriqueños gastaron cerca de $1,900 millones en educación. De manera global, gastando $5,740 millones en educación.

El gobierno y el sector privado deben reconceptualizar su visión con respecto a la educación pública, y asegurar que Puerto Rico logre el mejor sistema educativo posible. Esto implica asegurar que el actual sistema alcance niveles aceptables de calidad mundial, y vincular la Universidad de Puerto Rico al proyecto de desarrollo económico.

LA RESPONSABILIDAD CIUDADANA
Y EMPRESARIAL CON LA EDUCACIÓN

Convencido de la importancia que tiene el sistema educativo como parte de una transformación educativo, en el 2019 comencé un proyecto denominado de la "Escuela a tu Empresa". A través de esta iniciativa he podido visitar escuelas en diferentes puntos de la Isla, y proveer charlas sobre empresarismo y economía.

El proyecto es parte de la misión social de nuestra firma de asesoría Inteligencia Económica Inc., y el mismo persigue promover los valores empresariales dentro del sistema público y exponer a los estudiantes a conceptos económicos básicos. La experiencia de visitar a escuelas, y poder compartir con los maestros y los estudiantes ha sido enriquecedora.

En primer lugar, he podido validar la oportunidad que hay para que los ciudadanos y el sector empresarial se puedan vincular a las escuelas públicas, con el ánimo de colaborar con las escuelas. En segundo lugar, confirmé el enorme talento que hay en nuestras escuelas públicas, tanto en la comunidad de profesores como en los estudiantes.

En tercer lugar, quedé convencido que el sector empresarial y los grupos profesionales deben insertarse en las escuelas públicas como parte integral del proyecto educativo. Los profesionales y empresarios pueden ser importantes socios, proveyendo recursos, mentoría, ayudando a los jóvenes a entrar al mundo laboral o asistiéndolos en el desarrollo de empresas.

Nuestro sistema de educación pública está compuesto por 300,000 estudiantes y una comunidad de maestros que asciende a 21,000. A pesar de la inversión multimillonaria que como sociedad hacemos en las escuelas, mediante el financiamiento público que proviene del pago de impuestos, no hemos logrado optimizar esa inversión.

Hay que transformar la manera en que hemos visualizado la escuela pública y convertirnos en socios-facilitadores del proceso de potenciar el talento de los estudiantes que no tienen el privilegio de asistir a una escuela privada.

Charla a estudiantes de séptimo grado Escuela República de Brazil en Río Piedras. Noviembre de 2018.

Visualizo ese talento como una gran cantera de posibilidades para convertir las escuelas públicas en fábricas del capital humano y talento que necesita la Isla para su transformación económica y social. La comunidad empresarial puede asumir un rol de mentoría en cada una de las escuelas públicas, respaldar diversos esfuerzos para que los estudiantes amplíen sus posibilidades de cara al mundo universitario, a la ruta laboral o la opción empresarial. Si en este objetivo específico se logran apoyos amplios por parte del sector privado, entonces estaríamos creando las condiciones para formar el capital humano necesario para construir la nueva economía.

Ante la quiebra fiscal y los enormes retos que enfrenta el gobierno, nos obligan a replantearnos el paradigma vigente en lo concerniente al rol de los actores no gubernamentales dentro del proyecto educativo del país. Planteo a manera de propuesta aspiracional que las posibilidades de viabilizar una nueva economía sólida y sostenible a largo plazo dependen en la efectividad de tener un sistema educativo de calidad mundial.

Por último, pero no menos importante, planteo como una propuesta para el debate, la posibilidad de legislar para que de manera compulsoria los hijos de los funcionarios electos tengan que matricular sus hijos en las escuelas públicas.

Si en efecto, esto se convirtiera en ley, puedo asegurar que ese día comenzaría un profundo interés de parte de los partidos políticos y los gobiernos hacia el mejoramiento del sistema de educación público.

EXPERIENCIAS DE TRANSFORMACIONES ECONÓMICAS

Luego de trece años en continua depresión, la ciudadanía experimenta una profunda fatiga emocional y se ha creado un sentido de derrotismo y frustración colectiva. A mi juicio, estos sentimientos nos impiden el que podamos comenzar a ejecutar las acciones que permitan superar la crisis e iniciar la transformación de Puerto Rico.

Con el ánimo de entender como otras sociedades han logrado superar situaciones complejas y difíciles, presento algunas experiencias de otras economías que han logrado superar el estancamiento y encaminar procesos de cambios profundos y encaminar su desarrollo.

Reconocemos que cada una de estas experiencias responden a circunstancias políticas y económicas muy particulares, y que en el caso de Puerto Rico tenemos que implementar una solución que tome en cuenta nuestros propios retos y realidades.

A continuación, presentamos una breve descripción de como economías como la nuestra, con poca población y con trasfondos similares pudieron implementar estrategias de transformación con relativo éxito.

JAMAICA

POBLACIÓN 2.9 MILLONES
PRODUCTO INTERNO BRUTO (PIB): $15,461 MILLONES

Entre el 2013 y el 2019, la antigua colonia inglesa de 2.8 millones de habitantes llevó a cabo una profunda transformación fiscal y económica. En el 2013 Jamaica estaba al borde del colapso fiscal. Con una deuda de $20,000 millones, que excedía por mucho el valor del Producto Interno Bruto (PIB) de $14,000 millones. Jamaica era una de las naciones más endeudadas del mundo al punto de que el servicio de la deuda representaba el 54% del presupuesto gubernamental, cercano a $3,800 millones.

Al entrar en default, Jamaica no tuvo otra opción que llegar a un acuerdo con Fondo Monetario Internacional (FMI), para obtener un préstamo de $932 millones. El acuerdo con el organismo internacional sometió a Jamaica a profundas reformas, como reestructurar su sistema contributivo, congelar salarios públicos, revisar sus leyes de incentivos fiscales, y lograr superávits presupuestarios equivalentes al 7.5% de su presupuesto.

En el 2016, el acceso a más financiamiento del IMF conllevó otras reformas estructurales como la del sistema de pensiones de sus empleados públicos, el cierre o privatización de empresas públicas ineficientes y la orientación del Banco Central a lograr metas macroeconómicas específicas. Todas estas reformas permitieron a Jamaica, reducir su deuda de 147% del PIB a 96%, y han creado las condiciones para que la economía vuelva a crecer.

El turismo, los servicios y la minería son los principales renglones productivos de Jamaica, y su Producto Interno Bruto (PIB) se ubica en $15,461 millones. El FMI estima que, en el 2019, la economía de Jamaica creció en 1.1% luego de un largo período en negativo.

IRLANDA
POBLACIÓN: $4.9 MILLONES
PRODUCTO INTERNO BRUTO (PIB): $375.9 BILLONES

En la década del 1980, Irlanda era la economía más pobre de la Eurozona y gracias a las políticas adoptadas en ese momento, treinta años después, es uno de los países más ricos de la región europea. Irlanda fue capaz de superar profundos problemas políticos y sociales, para articular un proyecto que le permitió posicionarse como una de las economías más dinámicas de Europa.

El milagro celta, como se le conoció al despegue económico irlandés, fue una combinación de acuerdo social entre trabajadores, empresarios y gobierno, la apertura a la inversión externa, la desregulación de sectores claves como las telecomunicaciones, la reducción de impuestos individuales y corporativos, y la fuerte inversión en educación.

Entre 1991 y 2003, la economía irlandesa creció a un ritmo promedio anual de 6.8% aumentando el estándar de vida de los irlandeses, que inclusive superaron el de muchos países europeos. Durante el período del despegue de la economía el Producto Interno Per Cápita (PIB) aumentó de $11,000 a finales de la década del 1980 a $35,000 en el 2003.

El pacto social irlandés es digno de admirar pues representa el entendido al que llegó su sociedad y el gobierno para promover el despegue económico y transformar su economía hacia una orientada a la industria del conocimiento y la exportación.

El acuerdo se fundamentó en varios puntos; eliminar los escollos burocráticos para la apertura de nuevas empresas, apoyo incondicional del gobierno a la educación, convirtieron las universidades en importantes centros de investigación; desregularon las telecomunicaciones para abaratar los costos y lograr la masificación del internet; capitalizaron sobre su amplia población en el exterior como puente para el comercio internacional y promover la inversión.

Todas esas reformas permitieron a Irlanda convertirse en un importante centro regional productivo de firmas multinacionales en el área de tecnología, farmacéuticas y biotecnología y otras industrias del área de la economía del conocimiento.

En el 2018, el Banco Mundial ubicó el valor del Producto Interno Bruto de Irlanda en $375.9 billones.

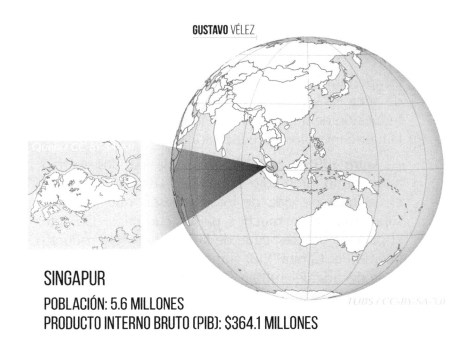

SINGAPUR

POBLACIÓN: 5.6 MILLONES
PRODUCTO INTERNO BRUTO (PIB): $364.1 MILLONES

Singapur se ha convertido posiblemente el principal marco de referencia para estudiar políticas económicas exitosas. De ser un lugar relativamente insignificante, en la década del 1960, hoy Singapur tiene el PIB per cápita más alto del mundo, con $56,532. Cuando su fundador Lee Kuan Yew se convirtió en Primer Ministro, el PIB per cápita era de $500.

Con la fundación de la "Junta de Desarrollo Económico", esa nación inició su despegue hacia la industrialización, fundamentada en la atracción de capital externo y empresas de alto valor añadido. La educación de alta calidad, la disciplina social y la libertad económica fueron los principios rectores del proyecto de desarrollo de Singapur.

Otros elementos importantes de la estrategia económica de esta nación que no tiene recursos naturales y tiene una limitada extensión geográfica, son las bajas tasas contributivas, y el tamaño reducido del gobierno.

Otra característica fundamental del modelo de Singapur es que tiene un alto grado de libertad económica, de las más altas en el mundo, junto a economías como Hong Kong y Nueva Zelanda, respectivamente. La medición de libertad económica tiene que ver con la poca limitación del estado al libre movimiento de los actores económicos (empresas, consumidores, y demás jugadores de una economía).

Entre el 1976 y el 2014, la economía de Singapur creció a una tasa anual promedio de 6.8%. Mientras que, consistentemente, la economía asiática se mantiene como una de las más competitivas según el Foro Económico Mundial (WEF por sus siglas en inglés) y el Banco Mundial.

Los detractores de la experiencia de transformación de Singapur critican el carácter autoritario del régimen político y la falta de libertades. Esa variable institucional parece tener peso dentro del proyecto económico de la nación-estado, pero poco le ha importado a su sociedad, toda vez que su economía mantiene altos niveles de crecimientos y genera calidad de vida para su población.

Desde que, en 1959, Lee Kuan Yew se convirtió en Primer Ministro e inició la transformación de Singapur, se enfocó en tres áreas claves para hacer posible el despegue de la economía de su nación: lograr la mejor educación posible y crear una cultura de méritos, mantener bajo control el crecimiento de la deuda del gobierno, y cero tolerancias a la corrupción.

Singapur también pudo capitalizar sobre su excelente posición geográfica y su puerto es el segundo más activo del mundo, y sirve como un importante punto de transbordo para el tráfico marítimo comercial de Asia.

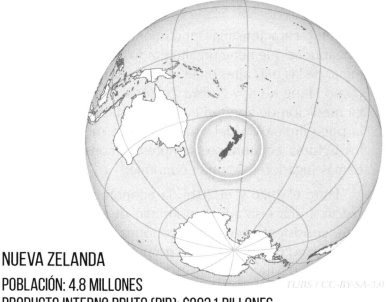

NUEVA ZELANDA
POBLACIÓN: 4.8 MILLONES
PRODUCTO INTERNO BRUTO (PIB): $203.1 BILLONES

Previo al 1950, el ingreso per cápita de Nueva Zelanda era el tercero más grande del mundo luego de Estados Unidos y Canadá. Para el 1984, luego de tropiezos y malas decisiones gubernamentales, este indicador había caído en la posición número 27, la tasa de desempleo se había elevado a 11%, y comenzaron a surgir déficits descontrolados y deuda pública en exceso.

En 1985, esta nación comenzó una serie de reformas fundamentadas en la transparencia y rendición de cuentas. Se comenzó un proceso de reducción del gasto público, un programa de privatizaciones, la eliminación de subsidios a industrias ineficientes y la desregulación de actividades que afectaban la eficiencia del sector privado. La reforma del gobierno incluyó una reducción de 66% del tamaño del estado, y la participación del sector público dentro del PIB se redujo de 44% a 27%.

Uno de los principales protagonistas de las reformas que llevaron a Nueva Zelanda a ser una economía exitosa fue el Ministro de Finanzas Roger Douglas bajo el gobierno del partido laborista entre el 1984 y el 1988. Las reformas de Douglas que se conocieron como la doctrina de "Rogernomics", se fundamentaron en la devaluación de la moneda hasta un 20%, se desreguló el sistema financiero, incluyendo el control cambiario, y se eliminaron subsidios públicos particularmente a la industria agrícola, y se enfatizó en la promoción de las exportaciones.

La deuda pública como proporción del PIB se redujo de 63% a 17%, y como resultado los ingresos fiscales aumentaron en 20%. El gobierno también redujo los impuestos corporativos y personales. Las tasas impositivas se redujeron de 66% a 33% y se introdujo un impuesto al consumo sobre bienes y servicios que originalmente se ubicó en 10%.

Algunos han criticado las reformas económicas implementadas durante la década del 1980, como una de carácter neoliberal, que tuvieron altos costos sociales y que no produjeron los resultados económicos esperados. Por ejemplo, se señala que durante la implementación de las reformas aumentó el número de suicidios entre la población joven y que también se disparó la desigualdad social.

Sin embargo, durante las últimas dos décadas, Nueva Zelanda ha mantenido un crecimiento económico estable y hoy está entre las 20 economías más competitivas según el Foro Económico Mundial (WEF). También encabeza la lista de las economías con mayor libertad económica junto con Singapur, Hong Kong y Suiza según el ranking que anualmente realiza el Heritage Foundation.

Carlos Rivera Giusti/EL VOCERO

UNA AGENDA
PARA LA PRÓXIMA DÉCADA

Quiero concluir con una última reflexión y un llamado al cambio. Como sociedad no podemos aceptar la mediocridad y el fracaso como las únicas opciones para nuestros hijos y nietos. Ni ellos y ni nosotros nos merecemos eso. Tirar el país a pérdida no es una opción.

Irónicamente, la crisis económica, la quiebra, y los desastres naturales nos han abierto una ventana de oportunidad que no debemos desperdiciar. Desde el estado de fragilidad en el que estamos, podemos soñar y hacer posible un mejor Puerto Rico, próspero y digno.

Sin embargo, es evidente que los modelos tradicionales de hacer las cosas han fracasado y urge buscar una ruta alterna. El modelo económico y político que conocimos por décadas, ya han colapsado y urge crear rutas nuevas. Estoy convencido de que gran parte de la solución a los problemas que hoy enfrentamos está en nuestras manos.

La posibilidad de reconstrucción económica de la Isla va a requerir además de recursos financieros, una nueva gobernanza que permita gerenciar correctamente el proceso de hacer una mejor economía y un país viable. Lograr esa mejor gobernanza va a depender de la voluntad para usar la mejor herramienta que tiene una sociedad democrática, el voto. Ejercer correctamente el poder del voto será fundamental para promover cambios en las desgastadas estructuras políticas que actualmente nos mantienen rehenes del inmovilismo.

Como mencioné anteriormente, el problema detrás de la quiebra y la depresión económica no tiene que ver con falta de recursos, sino con la ausencia de un liderato político y gubernamental capaz de hacer las cosas correctamente. El nuevo liderato tiene que surgir de nosotros mismos, los ciudadanos.

Las sociedades que han tolerado y aceptado el populismo y la corrupción como normativa social están condenados al fracaso permanente. Ahí están los casos de Venezuela, Argentina, y Brasil. Sin embargo, las sociedades que han abrazado la innovación, la convergencia social y han logrado pactos de gobernabilidad, han podido despegar económicamente. Ahí están los casos de Irlanda, Singapur y Nueva Zelanda.

Nosotros en Puerto Rico, tenemos que tomar una decisión pronto. Y esta tiene que ver con que tipo de país queremos finalmente tener y que ruta queremos escoger. Estamos a tiempo para poder elegir el camino correcto y encaminar un proceso de reconstrucción y lograr un desarrollo sostenible.

La ciudadanía, los grupos cívicos, las organizaciones profesionales y empresariales, la academia y los grupos sindicales deben usar su poder de convocatoria para exigir cambios y respuestas concretas a la clase política. Esta presión debe comenzar identificando y apoyando a personas que tengan un genuino interés en aportar al quehacer público, y estén comprometidos en hacer patria, por encima de cualquier otra consideración.

Hay que comenzar a promover la candidatura a los diferentes puestos electivos, de personas cualificadas y aptas, que estén dispuestas a usar sus puestos, para servir y no para servirse a sí mismos.

Igualmente, hay que usar el voto para remover de sus puestos a aquellos que han traicionado la confianza y la voluntad del pueblo.

De cara a las elecciones de noviembre de 2020, tenemos que exigir propuestas concretas a los diferentes candidatos a puestos electivos. Desde el legislador municipal hasta los candidatos a la gobernación. El voto debe estar condicionado a que presenten propuestas viables y concretas, pero más importante a la capacidad de ejecución.

De cara a noviembre del 2020, nos toca a cada uno de nosotros convertirnos en agentes de cambio y fiscalizadores del quehacer político, para poder sanear la manera de hacer gobierno y que se usen correctamente los fondos públicos, que, a final de cuentas, es nuestro dinero.

El actual momento histórico exige que el pueblo deje de votar por planchas y por insignias de los partidos y comience a apoyar a candidatos que mejores propuestas tengan que ofrecer. La actual coyuntura no tolera que nos quedemos silentes y nos hagamos cómplices de la destrucción final de nuestra patria. Cada uno de nosotros tiene que exigirle a la clase política responsabilidad y seriedad en la forma de gobernar.

Estas próximas elecciones serán claves para decidir si permitimos que Puerto Rico se quedé de forma

GUSTAVO VÉLEZ

indefinida en un estado de quiebra y desgobierno o si ejercemos correctamente el voto para escoger el mejor talento posible.

Luego de tanto sufrimiento, problemas y penurias vividas a lo largo de las pasadas dos décadas, es momento de derrotar la mediocridad y el mal gobierno, y sentar las bases para un verdadero cambio.

Llegó la hora de abrazar la innovación, la convergencia, el diálogo, y la voluntad de acción para iniciar la reconstrucción de un nuevo Puerto Rico. Nuestros hijos y nietos no merecen menos.

GLOSARIO PARA ENTENDER LA CRISIS

Gobernanza: Las interacciones y acuerdos entre gobernantes y gobernados para generar oportunidades, solucionar los problemas de los ciudadanos, y construir las instituciones y normas necesarias para generar esos cambios.

Producto Nacional Bruto (PNB): Es la medida de la valorización de la producción de bienes y servicios de una economía en un año.

Depresión: Un proceso de estancamiento permanente en la producción de una economía medida por el PNB. Si una economía experimenta más de 36 meses en contracción, experimenta una depresión.

Inflación: Es la medida en el alza en el nivel de precios de una economía. La inflación se mide utilizando el Índice de Precios al Consumidor (IPC), que a su vez se construye utilizando la canasta de bienes y servicios de una familia promedio, comida, salud, educación, recreación, etc.

Presupuesto gubernamental: Es el ejercicio de planificación financiera mediante el cual el gobierno, define sus fuentes de ingresos y establece sus prioridades de gastos.

Déficit estructural: Cuando por un período sostenido de tiempo, los gastos del gobierno exceden sus ingresos.

Bono: Es un instrumento financiero que utilizan las empresas y los gobiernos para financiar operaciones, gastos de capital o infraestructura. El que compra un bono emitido por el gobierno o alguna empresa, obtiene un compromiso de pago de intereses por un período de tiempo a una tasa específica y, al finalizar el tiempo establecido, se le devuelve el principal. Desde el punto de vista del ente que emitió el bono, es una deuda.

Emisores de deuda: Cualquier entidad autorizada por ley para emitir bonos. En el caso de Puerto Rico hay 18 emisores de deuda. Cada emisor de deuda tiene una estructura legal y financiera diferente para emitir y cumplir con su deuda emitida.

Clasificación crediticia: Para medir la calidad del crédito y el nivel de riesgo de los bonos por el gobierno, o las acciones emitidas por las empresas, firmas especializadas evalúan de forma independiente la salud fiscal y financiera y emiten una clasificación. La mayor clasificación crediticia comienza en A y va descendiendo hasta C, que puede representar entidades altamente riesgosas y con capacidad de repago dudosa.

Bonos "Chatarra": Es la clasificación crediticia que se la da a bonos altamente especulativos y que la capacidad de repago es altamente dudosa. Esta clasificación implica que los gobiernos o empresas tienen que pagar un mayor interés a los inversionistas, para compensar por los riesgos asociados a invertir en este tipo de bonos.

Deuda constitucional: En el caso de Puerto Rico, la deuda emitida por el Gobierno Central (Obligaciones Generales del Estado Libre Asociado), tiene una protección constitucional. Es decir, la propia constitución provee la garantía de que, en caso de insolvencia, el pago de esa deuda tiene una prioridad sobre las demás obligaciones fiscales del gobierno.

Deuda Extra-constitucional: La Constitución de Puerto Rico, establece un límite en la capacidad de deuda que puede emitir el gobierno de Puerto Rico por año. En ciertos momentos, cuando se excedió este límite algunos gobiernos utilizaron mecanismos para emitir deuda, al margen de lo establecido por la Constitución del Estado Libre Asociado.

COFINA: La Corporación para el Financiamiento Interés Apremiante (COFINA) fue creada por ley en el 2006, durante el cierre gubernamental, cuando se creó el Impuesto de Venta y Usos (IVU) de 7%. COFINA emitió bonos para proveer fuente de financiamiento a 7,000 millones en deuda constitucional que se había emitido por el gobierno de Puerto Rico, antes del 2006. Del 7% del IVU, se separó un 1% para pagar estos bonos conocidos como COFINA.

Sistemas de Pensiones: A través del tiempo, desde 1954, el gobierno de Puerto Rico y algunas de sus instrumentalidades crearon diferentes sistemas para manejar el beneficio de pensiones para sus empleados. El gobierno central, la Autoridad de Energía Eléctrica, los maestros del Departamento de Educación, la Judicatura, y la Universidad de Puerto Rico (UPR), son las entidades gubernamentales que tienen planes de pensiones.

Déficit actuarial: Es la deficiencia entre los ingresos y las obligaciones financieras a futuro de un plan de pensiones. Mientras mayor sea la deficiencia actuarial, menor es la capacidad financiera de un plan de pensiones para honrar las pensiones del total de los participantes en el futuro.

PROMESA: Es la abreviación de la Ley federal "Puerto Rico Oversight Management and Economic Stabilization Act" aprobada por el Congreso de los Estados Unidos en junio 30 de 2016 y firmada por el presidente de los Estados Unidos. Esta ley crea varias cosas, entre ellas una Junta de Supervisión Fiscal, un mecanismo para reestructurar la deuda del gobierno y estabilizar las finanzas públicas de Puerto Rico.

Junta de Supervisión Fiscal (JSF): Organismo creado por la Ley Federal PROMESA, compuesto por siete miembros nombrados entre el presidente de los Estados Unidos, y los representantes del Congreso. La JSF tiene la responsabilidad de asegurar de la implementación de las disposiciones de la Ley PROMESA.

Quiero agradecer a mi amigo y asesor en arte gráficas, Carlos López, por todo el apoyo brindado desde el 2012 hasta el presente.

Agradezco también a la Gerencia del periódico El Vocero por donarme las fotos inlcluidas el libro.

Made in the USA
Middletown, DE
31 August 2021

47333264R00080